¿QUÉ COMEN LAS QUE MAL COMEN?

ISA ÁLVAREZ VISPO · MARI FIDALGO · RUTH L. HERRERO · LUCÍA SHAW

EDITAN:

Coordinación de luchas contra el paro, la precariedad y la exclusión social
BALADRE

ZAMBRA DISTRIBUIDORA

COLABORAN:

LIBROS EN ACCIÓN

CGT

QUÉ COMEN LAS QUE MALCOMEN

Isa Álvarez Vispo · Mari Fidalgo · Ruth L. Herrero · Lucía Shaw

Personas que nos enredamos buscando lo político en la relación, en los procesos, en la cotidianidad, en la lucha por una vida digna para todas. Las cuatro personas de Baladre que hemos parido este texto buscamos la soberanía alimentaria desde diferentes ámbitos: la agroecología, la lucha por los derechos sociales, la denuncia de las políticas neoliberales, los feminismos... Nos involucramos en proyectos para generar alimentos sostenidos por la comunidad, en puntos de información sobre derechos sociales y agitación social, en colectivos feministas autónomos en nuestros diferentes territorios: Galiza, Euskadi y País Valencià. Nuestras miradas son diversas, como nuestras realidades, y sabiéndonos compañeras de muchas otras, nos relacionamos y compartimos saberes y experiencias en Baladre.

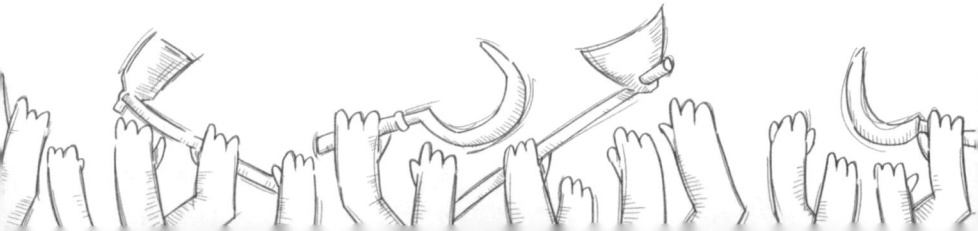

Nutrir semillas de
trabajo comunitario
para caminar hacia
vidas vivibles   9

La mirada   15

El modelo agroindustrial,
pilar de un sistema desigual   17

Cuando no decidimos
ni lo que comemos   26

Algunas pinceladas sobre agroecología,
lo que somos y queremos ser.
Una mirada desde
la producción   37

La Renta Básica de las Iguales
en la construcción de otro
modelo alimentario   43

La propuesta   49

Frente al asistencialismo
alimentario hoy · 51

Los modelos   54

La propuesta desde Baladre   60

COVID19, EL EXAMEN SORPRESA   71

PUNTO Y SEGUIMOS   77

BIBLIOGRAFÍA Y REFERENCIAS   81

Nutrir semillas de trabajo comunitario para caminar hacia vidas vivibles

Poner la vida en el centro pasa indiscutiblemente por nutrirnos. No sólo en la dimensión fisiológica sino en el plano emocional y relacional. Y también en lo político. Alimentarnos de reflexiones, experiencias, sentires y propuestas que mantengan la vitalidad personal y colectiva necesaria para los procesos de transformación y emancipación. Para seguir en la búsqueda de estas vidas dignas, plenas, libres y felices que anhelamos en las mejores condiciones. Con energía para la acción, con elementos para discernir entre las distintas alternativas en base a elementos de justicia social, sostenibilidad y equidad. Y también con la alegría del encuentro, de compartir saberes distintos para crear algo común, aderezado con lo que cada quien aporta desde su vivencia y desde el lugar que ocupa en el mundo.

Así siento este libro. Como una buena comida colectiva preparada a fuego lento, resultado de un intercambio de recetas y sabores, de experiencias vitales y políticas. Una de estas comidas que alimentan nuestro cuerpo pero también nuestros afectos y nuestro estado de ánimo. Que te dejan con ilusión y ganas de más. Que tienen el poder de nutrir al cuerpo-comunidad en el camino de construcción de buen vivires. De otras formas de hacer, de estar, de relacionarnos y claro, de comer.

En el actual contexto de crisis sanitaria, que maquilla la enésima vuelta de tuerca en el funcionamiento del capitalismo colonial racista y cisheteropatriacal[1], consolidando la precarización de la vida y agudizando las desigualdades, repensar cómo satisfacemos nuestras necesidades básicas es urgente.

En el contexto del estado español hemos visto, durante la declaración del estado de alarma a raíz del brote del COVID19, cómo una realidad que viene de lejos pasa a despertar la atención de sectores sociales más amplios. ¿Cómo se va a alimentar durante el confinamiento toda la gente que se ha quedado sin ingresos? ¿Las personas que trabajaban en la llamada "economía sumergida", las que no pudieron acogerse

....
[1] Ese "palabro" quiere poner de manifiesto que las relaciones de poder y desigualdad no sólo se ejercen desde un sistema de dominación que se construye en base a la supremacía masculina (el Patriarcado), sino que también se asientan sobre unas relaciones construidas desde la óptica y la norma heterosexual y de la conformidad entre la identidad y el género atribuido al nacer, normalizando estas expresiones y relegando todo lo que se sale de ahí a una condición de subalternidad.

a ERTE's o que se quedaron con una prestación muy reducida? A algunas mucho nos alegró ese despertar de interés por las condiciones de vida de las demás y más aún las redes de solidaridad que se han generado. Pero también nos causó desconcierto constatar que mucha gente progresista y bien intencionada no se había preguntado hasta ese momento como se alimentan las personas que están estructuralmente excluidas del mercado laboral, las que no cuentan con ninguna prestación, las que no tienen contrato ni papeles.

Por eso creo que este libro llega en un momento más que oportuno. Ahora, que hemos entrado de lleno en una nueva etapa del colapso y que ya nada volverá a ser como antes, pese a los discursos de "regreso a (su) normalidad", es fundamental conocer qué comen las personas no invitadas (o violentamente expulsadas) al banquete del estado de bienestar y el progreso capitalista. Ahondar sobre las vías de acceso a una comida que no nutre y que además apuntala el estigma, los mecanismos de control, el sometimiento y la exclusión. Reflexionar sobre el funcionamiento del sistema agroindustrial y su impacto sobre la vida de los ecosistemas y de las personas, especialmente aquellas en situación de mayor vulnerabilidad como son las mujeres, las disidencias sexo-género y las personas migradas y/o racializadas.

Un sistema de producción que vino a actualizar las relaciones de poder, dominación y espolio propias de los regímenes coloniales, esos que inauguraron la práctica de arrasar con la naturaleza y formas de vida tradicionales para introducir el monocultivo de alimentos dirigidos a abastecer a otros territorios empleando el trabajo en condiciones de esclavitud de las comunidades locales. Pasan los años y ahora vemos como nuestros hermanos y hermanas temporeras, procedentes de territorios del Sur global viven y trabajan de forma bastante similar a antaño, sin derechos ni las mínimas condiciones de dignidad, pero con el mismo discurso de odio y la violencia propinadas en su día por colonos y latifundistas.

El acaparamiento, el despojo, la producción a gran escala y la expulsión de los territorios, así como el desprecio por todo lo que tiene que ver con las actividades agrarias y la relación con la tierra, son trazos de colonialidad que atraviesan el actual sistema agroalimentario, éste que genera negocio para unos cuantos y pobreza, enfermedad y malestar para muchas. No sólo las que no pueden acceder a alimentos sanos y de calidad, sino también para quienes los producen y sostienen la vida en el medio rural. Por lo tanto, este texto también nos invita a preguntarnos no lo que come, pues a buen seguro "de hambre las personas agricultoras no morirán", pero cómo vive el pequeño campesinado y a costa de qué (cuidados, salud, descanso, relaciones, seguridad, etc) se mantienen los proyectos agroecológicos. Su experiencia encarnada nos interpela sobre cuáles son nuestras prácticas y valores, incluso de aquellas que nos consideramos implicadas en el movimiento por la soberanía alimentaria y la producción local, pero que por lo general poco apostamos por generar relaciones de estabilidad, cuidado y co-responsabilidad para con las vidas y la producción de las personas agricultoras.

Así, la pregunta sobre cómo es nuestra alimentación y qué tipo de comida tendremos en nuestros platos si no desarrollamos alternativas de base, justas, sostenibles y transformadoras, se vuelve hacia nosotros. Personas inquietas y comprometidas, pero también arrastradas por la precariedad vital, desarraigo, individualismo e inmediatez en la que vivimos. Las gentes de Baladre lo tenemos claro: para construir desde lo comunitario y desde abajo hay que parar o al menos desacelerar esa corriente que nos lleva por delante la vida y las posibilidades de transformación social profunda. Hace ya muchos años intuimos que la Renta Básica de las Iguales es una herramienta útil para arrebatarle tiempo al mercado y trabajar en transiciones hacia otras realidades en las que la centralidad de la vida deje de ser una ilusión o un eslogan vacío.

Este trabajo es una muestra de nuestro compromiso en llevar el debate y la reflexión sobre esta propuesta a diferentes ámbitos, enredándola con otras herramientas e iniciativas orientadas al mismo fin: abrir brechas en este sistema biocida y caminar hacia modelos más justos, sanos y equitativos para las personas y el planeta. Llevarla al terreno de la alimentación ha hecho germinar una propuesta ilusionante, construida colectivamente en diferentes encuentros y con la aportación de distintos grupos y proyectos. Hablar de Alimentos Sostenidos por la Comunidad supone ir más allá de otras propuestas[2], al incorporar una mirada feminista interseccional y de autogestión y empoderamiento colectivo, asumiendo la interdependencia como valor central, tanto para desmontar los diferentes niveles de desigualdad que atraviesan

----

[2] En el propio texto se desarrollan algunas de estas propuestas que vienen del ámbito de la agroecología y la soberanía alimentaria, contando también con el aporte del ecofeminismo, como la Agricultura de Responsabilidad Compartida, la Agricultura Sostenida por la Comunidad y otras fórmulas.

a las comunidades, como para establecer una relación más armónica y amorosa con la tierra.

Confío en que estas letras puedan llegar a la mesa de muchas de redes y grupos de apoyo mutuo que se han gestado en estos últimos meses. Que puedan nutrir las iniciativas que están en marcha o que quedan por construir para satisfacer nuestras necesidades básicas y sostener la vida desde la comunidad. Deseo que los elementos de evaluación que se recogen en este trabajo puedan servir para romper con el "asistencialismo alimentario" y guiar proyectos que conciban la alimentación como un bien común y, por lo tanto, algo que nos incumbe a todes y que debe estar afianzado en "la dignidad y no desde la mera supervivencia".

La propuesta está servida. Toca ahora compartir el banquete de reflexiones que nos ofrecen las compañeras y seguir cocinando las propuestas que aquí figuran, perfeccionando recetas para llegar a estos buen vivires de los que hablábamos al principio. Y en paralelo, seguir "nutriendo semillas de trabajo comunitario" que respondan a este nuevo escenario socioeconómico, cultural, de subjetividad y relacional desde el apoyo mutuo, la sostenibilidad de la vida, los cuidados en equidad y la justicia social. Sólo así podremos romper su recetario de "nuevas normalidades" y caminar hacia transiciones agroecológicas y hacia la soberanía integral, incluyendo a nuestras vidas, cuerpos y territorios.

¡Buen provecho!

LA MIRADA

EL MODELO AGROINDUSTRIAL, PILAR IMPRESCINDIBLE DE UN MODELO DESIGUAL

Según el último informe de la FAO[3] sobre inseguridad alimentaria mundial (FAO, 2020), existen 690 millones de personas en situación de hambre y se estima que llegan hasta 2000 millones las personas que no accedieron a una alimentación sana, inocua y suficiente durante el año 2019. Esto supone que estas millones de personas están fuera de la situación definida como Seguridad Alimentaria en el año 1996 durante la Cumbre Mundial de la Alimentación y que marca que *"existe Seguridad Alimentaria cuando las personas tienen en todo momento acceso físico y económico a suficientes alimentos inocuos y nutritivos para satisfacer sus necesidades alimenticias y sus preferencias en cuanto a alimentos a fin de llevar una vida activa y sana"*. Este concepto, meramente técnico y cuantitativo, con muchas carencias, refleja los máximos conseguidos en los indicadores internacionales sobre lo que se considera una población alimentada. Es frente a esta limitación de la seguridad alimentaria que desde La Vía Campesina surge el concepto de Soberanía Alimentaria, un concepto político que se define como *"El derecho de los pueblos a alimentos nutritivos, y culturalmente adecuados, accesibles, producidos de forma sostenible y ecológica. Así como el derecho a decidir sobre su propio sistema alimentario y productivo"*.

Cuando se analizan los datos que proporciona la FAO, uno de los que llama poderosamente la atención es que en el mapa del hambre, Europa y América del Norte ni siquiera aparecen. Estas regiones se encuentran dentro de los llamados "países desarrollados", en los que, al menos oficialmente, el hambre ha sido erradicada.

---

[3] Organización de las Naciones Unidas para la Alimentación y la Agricultura.

Estos datos chocan con los de numerosos estudios realizados en los últimos años, incluso décadas, donde se aprecia la realidad en aspectos como la pobreza infantil y los problemas de malnutrición, agravados desde el 2008 con la última crisis económica. Cabe preguntarse por qué estos países no están en el mapa oficial del hambre, mapa que realiza un organismo perteneciente a las Naciones Unidas, garantes, en teoría, del cumplimiento de algo tan básico como el derecho a la alimentación y nutrición adecuadas.

Una de las respuestas, es que hay países que, al menos oficialmente, cuentan con protección social suficiente para cubrir las carencias que pueda tener la población y encargarse del acceso, al menos físico, de las personas más desfavorecidas a una seguridad alimentaria. Donde no existen esos mecanismos, es donde se entiende que deben actuar otros actores, como el Programa Mundial de Alimentos mediante diferentes proyectos de ayuda alimentaria.

Si se observan los datos sobre salud en las regiones "desarrolladas", en poblaciones desfavorecidas se observa que problemas como la obesidad o la diabetes han sustituido al hambre. Si leemos informes oficiales, no se habla de malnutrición en estos casos, sino que desplegando el cinismo, se habla de una hipernutrición, es decir, que las poblaciones han pasado de subalimentadas a hipernutridas según estos informes. Otras, diremos que han pasado de tener el estómago vacío a tenerlo lleno de alimentos insanos.

Viendo estas realidades, cabe preguntarnos, ¿Cómo se produce este cambio? ¿Es la protección social capaz de suplir unas carencias cuyas causas provienen de un sistema global del que forma parte el propio sistema alimentario? ¿En qué se traduce, en lo cotidiano, esa teórica seguridad alimentaria?

Para responder a estas cuestiones, se hace necesario retroceder en la historia y analizar el propio sistema alimentario para determinar si puede ofrecernos alguna solución o si es el propio sistema la base y la causa principal de la desigualdad, el hambre y la malnutrición.

HAGAMOS MEMORIA

En este siglo XXI, cuando se intenta analizar las causas del hambre o incluso el origen de los problemas alimentarios que padece la población, demasiadas veces se cae en la tentación de echar la vista atrás únicamente hacia los comienzos de la llamada "globalización", esto es, finales de los años 90 o años 2000.

Pero el modelo Agroindustrial que hoy conocemos, es una evolución, o una perversión, de lo que en los años 50 nació como Revolución Verde, cuando después de las dos Grandes Guerras se prevé un aumento en la población mundial, y una carencia en la producción y el abastecimiento de alimentos. Es en aquel momento, cuando se replantea una reconversión del modelo de producción al que se aplica la misma lógica que se está aplicando en otros sectores, esto es, un modelo Fordista, donde se precisa mucha producción, homogénea, a bajo precio, con sistemas de distribución a media y gran escala.

En el caso de la alimentación, como en otros sectores, se vio necesario implementar tecnología para realizar una mejora en los cultivos. Para ello no se contó con las personas campesinas que habían labrado los campos y alimentado a la población hasta ese momento. Se contó con industrias químicas, necesitadas también de una reconversión, ya que, hasta ese momento, su principal negocio había sido la guerra.

De esta alianza surgen las semillas mejoradas, los fertilizantes químicos o los llamados "paquetes tecnológicos", unidos a la irrupción de los motores en el campo con la mecanización precisa para una producción a gran escala, muy alejada de lo que podían ser lo ciclos naturales o las necesidades de la tierra. Con esta tecnología, llega el espejismo de poder domar la naturaleza al antojo de los caprichos y las ambiciones del capital.

En un inicio, este modelo se lleva al medio rural y se vende al campesinado principalmente de EEUU y Europa como la solución a todos sus problemas, tanto de cosecha como de rentabilidad. La única pega era la inversión inicial que debían asumir para todo ello, demasiado alta para muchas, aunque para esto también existían soluciones. Para esto estaban los bancos y los préstamos. Este espejismo fue el principio del fin para muchas personas, tal y como ya se apuntaba en esa obra magistral que sería "Las Uvas de la Ira" (Steinbeck, 1939):

"Sabes que la tierra se está empobreciendo. Sabes lo que el algodón le hace a la tierra: La despoja de todo, la desangra.

Los hombres asentían, lo sabían. Si pudieran alternar cosechas, podrían bombear sangre nueva a la tierra.

Bueno, es demasiado tarde. Los enviados explicaban el mecanismo y el razonamiento del monstruo que era más fuerte que ellos. Un hombre puede conservar la tierra si consigue comer y pagar la renta: lo puede hacer.

Sí, puede hacerlo hasta que un día pierde la cosecha y se ve obligado a pedir dinero prestado al banco. Un banco o una compañía no lo pueden hacer porque esos bichos no respiran aire, no comen carne. Respiran beneficios, se alimentan de los intereses del dinero. Si no tienen esto mueren, igual que tú mueres sin aire, sin carne".

A la par que este modelo terminaba con un modelo campesino tradicional expulsando al campesinado de sus tierras o, en el mejor de los casos, convirtiéndolo en jornaleros de grandes terratenientes, se generaba otro espejismo, el de la ciudad como ideal de progreso, fuente de riqueza y mejora de calidad de vida. Es entonces cuando gran parte de la población rural expulsada de su territorio de origen, emigra a las ciudades para alimentar el monstruo capitalista en su versión urbana. Con su mano de obra alimentará sus fábricas y con su dinero alimentará el consumismo necesario para la subsistencia de éstas. Es en este momento cuando se equipara el valor de la población como mano de obra y como consumidora. Es a finales de los 50 y principios de los 60 cuando surge el fenómeno de la publicidad para incrementar el deseo de acceso a los "bienes de consumo".

Este modelo nace en EEUU pero es implantado en todo el mundo rápidamente. En el Estado Español, incluso el propio Generalísimo, a finales de los años 50, ha de ceder de la autarquía plegándose al modelo capitalista que trajo Estados Unidos. Ya entonces se constata que el capitalismo no trae consigo ni libertad ni democracia, aunque es capaz de generar a través del consumo la falsa ilusión de que éstos existen.

En el Estado Español, en los años 50 comienza un cambio importante: en el año 52 mientras se suprimen las cartillas de racionamiento para las clases pobres, las favorecidas ya disfrutan de Coca Cola o chocolatinas Nestlé como señal de estatus. En ese mismo año, se inaugura la fábrica SEAT en Barcelona con una plantilla de 950 trabajadores dirigida por ingenieros militares y es en esos años cuando se instalan las bases militares de EEUU en España, junto con un acuerdo que incluía intercambios varios, incluida ayuda alimentaria para la población. Es la década en la que comenzaría un fenómeno migratorio del campo a la ciudad que iría creciendo a lo largo de las siguientes décadas.

Este fenómeno instaura en la población una sensación de bienestar generalizado, de progreso y sociedad desarrollada que tiene su máxima expresión en los años 60 y 70 cuando el acceso a la televisión y al automóvil dejó de ser algo exclusivo de las élites económicas para convertirse en algo relativamente accesible para las clases populares. De nuevo, a través del consumismo, y de la adquisición de ciertos objetos se quiere trasladar la sensación de que el modelo capitalista es el más conveniente, y se busca dar, por ejemplo, más valor a poder consumir, que a poder votar.

Es en las décadas posteriores, de los 60 y 70 cuando se ve la necesidad de mano de obra en las empresas y esto provoca que el régimen sea más permisivo con las mujeres en incorporarse al mercado laboral, a la par que las sigue considerando las garantes de las labores del hogar. De esta forma, soportan una doble jornada, que necesita para su sostenibilidad elementos para una mayor agilidad y rentabilidad de la jornada doméstica. Así, llega la irrupción de los electrodomésticos para, según rezaba la publicidad de la época, "hacer más felices a las mujeres". La velocidad impera y es necesario adaptar los hogares a ella.

El propio ritmo de la ciudad y las jornadas de trabajo modifican los tiempos de vida. Se pueden hacer más cosas en menos tiempo, con lo que comer debe ser reducida a una más. Esta aceleración y nueva forma de vida se desarrollaría exponencialmente durante las décadas de los 60 y 70. Es en estas décadas cuando se cambian las grandes ollas calentadas a fuego lento por la olla exprés, los flanes instantáneos y otras innovaciones culinarias y comienza el desarrollo de los supermercados (Eroski en 1969) reforzando la ilusión de tener un acceso a un mayor número de productos y una mayor libertad de elección.

En estas décadas se instauraron los cimientos del sistema agroalimentario actual, en lo que a consumo se refiere pero también en la vertiente social. Una población que venía de épocas de racionamiento, se deslumbra con el faro de la modernidad traducida en acceso al consumo. Además, esta migración a las ciudades, no traerá únicamente el conocimiento de un mundo nuevo, sino un menosprecio a todo lo anterior, incluido el medio rural y el contacto con la tierra, identificando lo urbano con el futuro y el medio rural con la miseria y unos tiempos a olvidar.

En el Estado Español, la década de los 70 y los años 80 son épocas de grandes cambios, llega la transición, y una nueva era en la que se transforma, al menos parte de la realidad política, pero, en lo que se refiere al modelo de consumo, el camino sigue siendo capitalista y consumista. El modelo económico no sufre cambios sustanciales. La sensación de estar en el mundo se acrecienta con la entrada en la Comunidad Económica Europea y posteriormente, ya en los 90 y 2000 en el mercado GLOBAL con mayúsculas y neones. Éstas últimas son las décadas en las que llegaría el fenómeno del Centro Comercial al Estado Español, una nueva fórmula de consumo que materializa en un solo espacio todos los valores del modelo capitalista que las películas norteamericanas nos han hecho anhelar. Grandes marcas de todo tipo de productos, desde ropa hasta comida rápida, juntas bajo un mismo techo. Alcanzamos el "American way of life" sin movernos de nuestras comarcas. En lo que se refiere a aspiraciones consumistas, misión cumplida. Es el momento en que los frigoríficos se llenan de productos procesados y comida que únicamente necesita ser calentada. Los congeladores y los microondas son las estrellas de las cocinas domésticas.

Pero estas ciudades y estas nuevas ilusiones necesitan ser alimentadas ¿Quién alimenta todo ese sistema? ¿De dónde vienen todos esos alimentos? ¿Cómo es posible que anteriormente viviendo en el campo no se pudiese comer y ahora en medio del cemento se pueda tener de todo?

La desigualdad como normalidad

Sostener un modelo que huye de toda lógica natural e incluso económica no es tarea sencilla. Todo el cambio social que se ha ido explicando viene generado por políticas puestas en marcha por los Estados, desde una lógica de modernidad en la que lo importante es la cantidad en lugar de la calidad y la fe en la tecnología provoca que no se tengan en cuenta los ritmos y las necesidades, ni de la tierra ni de las personas.

Este sistema aplica una lógica Fordista de materia prima barata a bajo coste y para ello artificializa los ecosistemas para satisfacer las "falsas necesidades" generadas por la lógica consumista. Pero esa lógica no es gratuita. Si es factible es a costa de múltiples factores básicos para la sostenibilidad de la vida de las personas.

En primer lugar, la propia calidad de los alimentos. En el momento en que la alimentación es considerada como una mercancía más, pasa a ser tratada como tal y se crean producciones totalmente desligadas de la tierra. Sustituyendo el alimento que proporciona la tierra por insumos químicos que engordan tanto vegetales como animales con el único objetivo de poner kilos de producto en el mercado a bajo precio. Todo ello, sin tener en cuenta que esos kilos son para alimentar a las personas que reciben todos estos insumos químicos y los van acumulando en sus organismos. Además, estos productos insanos son más accesibles que un producto sano, tanto físicamente como en precio para quienes habitan las periferias, por lo que son la mecha para la obesidad y la diabetes en personas con menos recursos.

En segundo lugar, la sostenibilidad del planeta. Estos sistemas son absolutamente dependientes de insumos químicos que viajan miles de kilómetros y que dependen del petróleo, un combustible fósil que sabemos no es infinito. Además, erosionan y esquilman la tierra a la par que se extienden provocando deforestaciones y pérdida de la biodiversidad. Asimismo una vez se obtienen los kilos de producto, éstos viajan una media de 5000 kilómetros hasta el plato de quien los recibe. Todo ello conlleva unas repercusiones ambientales que ya estamos sintiendo en forma de Cambio Climático y efectos como las zoonosis que nos han llevado al Coronavirus.

En tercer lugar, la sostenibilidad de las comunidades rurales. Este sistema es un sistema depredador de comunidades campesinas. Esta lógica está pensada para empresas con mucho capital para adquirir esos insumos mencionados, altamente tecnificada y especializada. De igual forma genera modelos de producción totalmente dependientes tanto de insumos externos como de los propios mercados internacionales a los que están encaminados sus producciones. Ello requiere hectáreas y hectáreas de tierra que son arrebatadas a las comunidades que históricamente han alimentado y nutrido al mundo y que a día de hoy siguen haciéndolo (etc Group, 2017). Todas esas hectáreas requieren de mecanización pero también para algunas cosechas se requiere de trabajadoras agrícolas y jornaleras para la recolección. Hoy vemos que estas personas, mayoría migrantes, son tratadas como mano de obra esclava sin contar ni con las condiciones mínimas ni de salario ni de habitabilidad.

En cuarto lugar, el crecimiento del modelo capitalista va unido a una mirada urbanocentrista priorizando un crecimiento de las ciudades que se da a costa de la desaparición del medio rural, tanto por la cementación que lo cubre como por la migración de muchas personas de esas comunidades hacia la ciudad para alimentar la demanda de mano de obra del sistema y la ilusión de que es en el cemento donde está el "verdadero desarrollo".

En quinto lugar, la pérdida de soberanía en las decisiones. Las decisiones en el sistema agroalimentario están totalmente deslocalizadas del territorio . Hoy en día la alimentación de un territorio se ve atravesada por decisiones, desde la ordenación territorial hasta el precio de los alimentos, que se toman muy lejos. Estas decisiones se traducen en políticas públicas que sostienen y subsidian un sistema depredador provocando la desaparición de toda fórmula que no se ajuste a este esquema.

Todo ello provoca un sistema bipolar y absolutamente desigual, donde los agentes avalados por el modelo agroindustrial perviven a costa del resto. La ciudad a costa de lo rural, las agroindustrias a costa de las personas campesinas y jornaleras y el mercado globalizado a costa de la desaparición de los canales de relación e intercambio que han alimentado a la humanidad, y la siguen alimentando, a lo largo de la historia.

En esta realidad, las mujeres son que más sufren las desigualdades ya que el sistema alimentario tiene su propio iceberg (Alvarez y Begiristain, 2019) en el que de nuevo, lo privado, lo pequeño vuelve a ser invisible y los trabajos que sostienen la reproducción de la vida, desde la obtención de semilla hasta el cocinar están repartidos e invisibilizados de forma desigual. Asimismo, las mujeres son las más afectadas en lo que a salud se refiere por este modelo agroindustrial. En el lado de las productoras, además de ser las más afectadas por el ataque a lo pequeño y la privatización de la vida al ser quienes históricamente han defendido y custodiado la biodiversidad, son las que en las explotaciones agroindustriales sufren más la precariedad de las condiciones de explotación laboral además de violencia sexual. Como consumidoras, además de ser las responsables aún hoy de las tareas relacionadas con la alimentación en las casas, siguen siendo las cuidadoras y las que están en último lugar, en caso de carencias, en la lista de comensales. Asimismo, mientras unas pasan hambre otras se matan sin comer por cumplir las normas de cuerpos estereotipados que el sistema ha impuesto desde unos cánones de belleza insanos. (Álvarez, 2018)

En todo este proceso, los medios de comunicación, y hoy en día las redes sociales, son una herramienta y un estamento de poder clave en la normalización de todo este engranaje. En esta era de la inmediatez en la que nos encontramos, el visibilizar únicamente un modelo y hacer invisible cualquier otro, provoca una absoluta normalización en la sociedad que además no piensa más allá que en la siguiente actualización que el modelo le proporcione.

Como vemos, el modelo agroindustrial, el que se asocia a progreso, desarrollo, estatus y bienestar es *per se* la causa de las desigualdades alimentarias a nivel mundial. Básicamente, porque depende de ellas para su propia supervivencia. La aplicación del modelo capitalista a la vertiente alimentaria sigue el mismo esquema que en el resto de sistemas productivos, esto es, un esquema basado en el productivismo, la homogeneización, el consumismo y el extractivismo como pilares, el negocio como valor motor de todos ellos y la desigualdad como combustible para poder seguir enriqueciéndose.

CUANDO NO DECIDIMOS NI LO QUE COMEMOS

Cada vez que los límites del capitalismo repuntan, a lo que comúnmente se ha dado en llamar CRISIS, vivimos cómo se va acrecentando el empobrecimiento y la exclusión social. Cada vez más personas en los países ricos, centrales, o mal llamados desarrollados, cuentan con un menor acceso a la cobertura de sus necesidades básicas. Ya lo experimentamos con la explosión de la burbuja inmobiliaria, y la expansión del COVID19 lo ha hecho aún más patente. Y aunque estas situaciones tienen múltiples causas, la central es que la desigualdad y el sometimiento son pilares imprescindibles para que el capitalismo avance, y aquí nos centraremos en lo que pasa cuando tienes poca, o ninguna posibilidad de acceso a alimentos por tus propios medios.

La dificultad de acceso a la alimentación por medios propios

Dos cuestiones fundamentales se nos plantean con esta afirmación: acceso a alimentos y medios propios para conseguirlos. No son afirmaciones baladíes. Acceder a alimentos es algo dificultoso, incluso para personas con "recursos medios", es decir, con medios monetarios para adquirir alimento en el mercado. Y decimos que es difícil porque lo que la agroindustria nos suele ofrecer en las grandes superficies e hipermercados, que ya son prácticamente los únicos espacios donde comprar comida, fundamentalmente, es producto comestible[4], pero no ALIMENTO.

....
[4] Entendemos por Producto Comestible, aquella comida que queda lejos de ser Alimento Sano y adecuado, por mucho que los etiquetados de las grandes marcas o de las marcas blancas de las grandes superficies nos muestren desglosado como valor nutricional, la forma de producción agroindustrial, por el uso de fertilizantes disminuye las concentraciones de nutrientes en los productos a la par que incrementa el uso de productos químicos en finca y productos añadidos con el fin de obtener mayor durabilidad y así poder asegurar su envío a largas distancias.

Esta es una de las cuestiones que nos parece muy relevante a tener en cuenta: la diferencia entre adquirir productos comestibles o adquirir alimentos. Entre comer y nutrirse.

La otra de las cuestiones, es la de adquirir la comida por nuestros propios medios, esto quiere decir: o que seamos nosotras las productoras del alimento o que podamos comprarlo en el mercado. Pero sucede que, por una parte muy pocas personas tienen voluntad, acceso a la tierra o medios para la producción de alimentos y por otra parte en el sistema capitalista sólo se puede acceder a bienes y servicios a través del empleo, que es la única fuente de ingresos económicos que nos da la libertad (en teoría) de adquirir aquello que necesitamos o aquello que deseamos.

En la década del anterior colapso, hacia 2008, vivimos cómo miles de personas fueron desahuciadas de sus viviendas, otras tantas miles se las bautizaba como "víctimas de pobreza energética", se normalizaba el uso de los bancos de alimentos, de comedores sociales, de ayudas de emergencia social, etc. Un montón de nuevos "cuños" para señalar como fracaso individual el fracaso del sistema económico, político y social que nos depara el capitalismo. Y con la llegada de la pandemia del coronavirus, en dos meses hemos vuelto a vivir todos esos procesos a la vez, los que en la década anterior se habían dado, masivamente, pero de manera más paulatina. Los hemos vivido apenas en semanas, generando un aumento de las desigualdades sociales, no sólo exponencial, sino en tiempo record. Y lo peor de las secuelas que intuimos nos dejará la pandemia, será la cronificación de la precariedad y la exclusión social.

Podemos afirmar por nuestras propias vivencias que, personas empobrecidas y situaciones de carencia de medios económicos para la subsistencia han existido igualmente, tanto en épocas de "bonanza económica" como en épocas de "crisis". Sin embargo, en estas situaciones de colapso cada vez más seguidas, lo que se va evidenciando es que los mecanismos de protección social son prácticamente inexistentes, tanto en las relaciones laborales (donde la población empleada vive la destrucción sistemática de sus derechos laborales) como para la población excluida, la que se ha quedado fuera del mercado laboral, donde los derechos sociales se han convertido ya en una quimera inalcanzable. Esto, está provocando un aumento exponencial del empobrecimiento de muchas personas en muy poco tiempo, porque en el capitalismo, inevitablemente, los procesos de desposesión (de muchas) van unidos a los procesos de acumulación (de unas pocas) de los bienes y servicios que son de todas. Muchas, muchísimas personas frente al estallido de la burbuja inmobiliaria comprendieron la línea tan fina que separa la "normalidad" de la exclusión social pero se han asentado en la naturalización de estos procesos, asumiendo que la precarización de la vida ha venido para quedarse.

El aumento de las "nuevas pobres" que llegaron de esa "clase media trabajadora", que jamás hubiera pensado en el año 2003 (por ejemplo) que en el año 2011 estaría sin empleo, sin vivienda, con una deuda infinita y de por vida (deudas con: los bancos, hacienda, seguridad social, proveedores, trabajadores...); acudiendo a comer todos los días a un comedor social, viviendo en un coche u ocupando una vivienda a través de la obra social de la PAH, buscando en la basura ropa y comida para seguir sobreviviendo. Todas esas "nuevas pobres" en esta última década han transitado por entradas y salidas del empleo precarizado que complementaban con ayudas de emergencia social para seguir pagando facturas. Y aunque ya no fueran tan visibles como usuarias de comedores sociales y bancos de alimentos, han seguido siendo dependientes de estas prestaciones sociales y otras ayudas de la beneficencia. De tal forma que esta última situación de colapso económico de la mano de un pequeño virus, las ha devuelto de cabeza al pozo, asentadas ya como "clase precarizada" que fue lo que nos dejó la "crisis" anterior.

Como decíamos, la anterior "crisis" tiró a la gente de "sus casas", pero antes de llegar a esa situación fueron pasando por diferentes momentos de angustia frente a tener que dejar de pagar la hipoteca primero, los suministros (luz, agua,..) después y finalmente los alimentos, la comida diaria. Con la "crisis" del COVID19, lo primero que las personas han perdido ha sido la posibilidad de adquirir alimentos, ya que los diferentes decretos gubernamentales raquíticamente han dado cobertura frente a impagos con los bancos, las eléctricas y los grandes tenedores de vivienda. Pero se ha vuelto a dejar de lado la protección de la alimentación y la nutrición de las personas obligadas a "quedarse en casa". Sin embargo, desde nuestro punto de vista, nos parece tremendamente violento, que se deje de lado, que se olvide y se delegue en organizaciones de beneficencia o en el lucro de la agroindustria, la alimentación de las personas empobrecidas, más aún en un momento de emergencia sanitaria, donde la alimentación juega un papel fundamental en la salud de las personas, y en el que hemos asistido a lo que los medios de comunicación de masas dieron en llamar "las colas del hambre".

Y esto se puede dar, puesto que en las sociedades del exceso y la opulencia, no es difícil conseguir comida por canales institucionales, privados-asistenciales e incluso de las basuras, sin embargo, eso NO es ALIMENTO. Y probablemente, será lo más difícil de volver a recuperar dentro del sistema de mercado capitalista, porque como decíamos también al principio, incluso gentes con rentas medias, apenas tienen poder adquisitivo y/o conciencia social/ambiental como para comprar alimentos, frescos, sanos, nutritivos y de cercanía.

Y es que la estratificación del empobrecimiento nos ha llevado a que, personas con empleo tengan grandes dificultades y carencias para el acceso a bienes y servicios básicos para la vida, y cuando la situación se cronifica y la capacidad de toma de decisiones para sostener la vida se hace más difícil o imposible si no es por la vía de las ayudas del entorno, de la beneficencia o de las prestaciones sociales públicas, los procesos de deterioro personal, físico y psicológico se van agudizando y empeorando. En parte, por carencias en el acceso al alimento, pero también por malnutrición. Es decir, que por un lado, la carencia alimentaria se puede dar por dejadez, pero también porque la poca comida que se ingiere es de mala calidad y en muchas ocasiones en mal estado. Pero antes de llegar a situaciones de marginalidad grave los recorridos nos van llevando hacia procesos de precarización de la vida, que se van agudizando hasta la desprotección total, tanto por medios propios como por la vía institucional ya que esta vía sólo protege a quienes pueden someterse al control social mediante la inserción laboral. Es decir, que el sistema nos garantiza protección sólo si tenemos capacidades para ser explotadas en lo laboral, no porque estemos necesitadas de cuidados y garantías de sostenimiento digno de nuestras vidas.

El recorrido hacia la exclusión es bastante simple y cada vez más habitual: basta con perder el empleo, incluso temporalmente, para poner en marcha un efecto dominó, que lleva a las personas y a todo su entorno hacia situaciones de carencia de todo tipo. La reestructuración del sistema capitalista en la década anterior, evidenció que el endeudamiento de las personas y sus entornos, el haber gastado en el presente el salario del futuro, provocó que tras la pérdida del empleo y las reducciones salariales de las mal llamadas "clases medias", no se haya podido recuperar el poder adquisitivo perdido, ya que las deudas adquiridas a través de tarjetas de crédito en grandes superficies, de las hipotecas, las compras a plazos,... acabaron por generar intereses de deuda que se convirtieron en impagables. Ahora, esta situación convive con bajos salarios que hacen que las personas vivan al día pero no tengan ninguna capacidad de ahorro para situaciones imprevisibles, como ha sucedido con esta "nueva crisis" del COVID en la que, tras 15 días de confinamiento, llegada la primera semana de mes y sin percibir ingresos, bien por los atrasos en los ERTEs, bien por la imposibilidad de salir a la calle a "buscarte la vida", las personas no pudieran hacer frente a ninguno de sus gastos mensuales,... incluida la comida.

En el anterior proceso de "crisis" las personas comenzaron a generar impagos de las deudas de tarjetas de crédito, compras a plazo e hipoteca, después en suministros básicos: luz, agua, gas, etc. lo que vuelve a generar más deuda; y finalmente perdieron la capacidad de compra de alimentos. Antes de esto probablemente la calidad de su compra alimentaria ya habría experimentado un descenso progresivo, de más producto fresco a menos, hasta productos ultraprocesados que sólo hay que calentar o comida rápida y barata que no necesita consumo de energía eléctrica en los hogares. En el proceso de la "crisis" actual, el colapso ha sido inmediato, ya que en 15 días los salarios bajaron un 30%, y las personas con trabajos en economía sumergida se quedaron automáticamente sin ningún recurso económico. Familias que contaban con el sostén de madres y abuelas cuidadoras, que proporcionan cuidado para las criaturas y alimento se vieron con la imposibilidad de poder recurrir a ellas. Todo ello llevó a las personas a la búsqueda desesperada de alimentos a través de las líneas telefónicas habilitadas por los Servicios Sociales municipales o por entidades de beneficencia con licencia para dispensar comida.

Lo que aprendimos sobre el efecto producido por la crisis del ladrillo fue que las personas recurrían en última instancia a las colas de alimento porque antes preferían dejar de pagar suministros o hipoteca, que pasar por la vergonzante situación de "las colas del hambre". En esta crisis, al estar en confinamiento no ha sido así, ya que el miedo a poder quedarse sin luz, agua o sin vivienda en un contexto de crisis sanitaria, ha hecho que lo primero que se deje de pagar y de adquirir haya sido el alimento, por el miedo de estar confinadas sin suministros o a perder la vivienda y quedar en la calle, ya que la mayor parte de las personas empobrecidas viven en viviendas de alquiler y la ley del "desahucio exprés" volverá a dejar en la calle a miles de personas en el momento en que se levanten las restricciones establecidas en los decretos gubernamentales por los efectos económicos de la "crisis" sanitaria.

Cada proceso de colapso capitalista ha generado diferentes situaciones a las personas empobrecidas, pero lo que sí está siendo una constante en todas estas "crisis cíclicas" es que el empobrecimiento se va asentando entre las personas empleadas, por eso se habla ya, a nivel mundial de "working poor", personas con empleo sin capacidad de poder adquisitivo para sostener la vida en los países ricos. De tal manera que los procesos de empobrecimiento sobrevenido son cada vez más frecuentes y al ser éstos a los que atienden las administraciones públicas, se está produciendo una mayor conflictividad social entre la población empobrecida. Aumentan las actitudes racistas y xenófobas hacia la población migrante que es la más desprotegida por la vía institucional, a la vez que esta polarización social es aprovechada por el sistema capitalista, patriarcal y racista en el que vivimos.

Por tanto, en nuestra experiencia, los recorridos de las personas frente a la carencia de recursos económicos vienen marcadas, tanto por los diferentes procesos de colapso económico, como por las raquíticas o inexistentes respuestas institucionales, frente a los procesos de autoorganización popular, así como por las diferencias de clase, raza y género. Mientras hace 10 años las personas empobrecidas transitaban entre: Comedores Sociales, Bancos de Alimentos, Contenedores de Basura y Bonos de Comida. En la "crisis" del COVID se han visto muchos más procesos de autoorganización popular que han protagonizado iniciativas como las Despensas de Alimentos o los Comedores Comunitarios frente a las "falsas soluciones" institucionales como las de alimentar a las criaturas a través de Telepizza. Nosotras interpretamos, que ha habido dos ejes fundamentales que han marcado la diferencia en las respuestas, tanto institucionales como populares, la primera es la enorme fuerza de los movimientos feministas en los últimos 3-4 años, que han puesto de manifiesto la necesidad de los cuidados y de poner las vidas en el centro, y por otra, la de los movimientos juveniles y estudiantiles que en el último año, han puesto en solfa a los gobiernos y las empresas capitalistas frente al caos climático y a la destrucción de los recursos naturales. Para nosotras, esto está marcando una clara diferencia entre el tiempo en que nosotras empezamos a construir este trabajo, cuestionando qué comen las personas sin recursos, y la conciencia social que ha ido surgiendo sobre la Soberanía Alimentaria, el Derecho a la Alimentación, las desigualdades sociales y la acumulación y destrucción planetaria del heteropatriarcado capitalista y racista.

De menos a más: Carencia de Recursos y Carencia de Cuidados

Entendemos que es muy importante tener en cuenta la ausencia de cuidados en los procesos que van de la precarización de la vida a la exclusión social. Ya que los "recortes sociales", el desmantelamiento del estado social o del bienestar, están generando procesos de desprotección total para las personas, y que afectan de manera desigual a hombres y a mujeres, más aún si eres migrante y/o racializada.

En lo que se refiere a la alimentación, la división de roles de genero, los valores patriarcales y las diferencias culturales juegan un papel fundamental en lo que se refiere a las decisiones y elecciones que realizamos.

Puesto que la conciencia de cuidado se ha impuesto, en las sociedades heteropatriarcales a los cuerpos feminizados, se entiende que las mujeres, pero sobre todo las Madres (lo ponemos en mayúscula por que ser madre implica una categoría social que no tenemos las no madres: mujeres incompletas), son las encargadas de garantizar el sustento y alimento, no solo de las criaturas, sino de las parejas y de las personas dependientes. Ya sea por la obligatoriedad en la responsabilidad que otorgan los vínculos familiares y que se delegan en las mujeres, ya sea por la vía del mercado de cuidados y la contratación por la vía del empleo doméstico de mujeres extranjeras en situación de desprotección administrativa y laboral.

Cuando las personas se quedan sin recursos, no abordan sus carencias alimentarias desde el mismo punto, y una de las causas principales son las diferencias de género y procedencia. Por este motivo, podemos observar que la mayor parte de las personas usuarias de comedores sociales son hombres blancos, ya que es hacia este colectivo hacia quien está orientada la elaboración de los menús ya que suelen tener escasa o nula conciencia de los componentes culturales en la comida. Mientras, las colas de los repartos de alimentos suelen estar protagonizadas por mujeres, tanto blancas como racializadas y/o extranjeras. Esto se debe a un factor fundamental: la conciencia de cuidados, que en lo que se traduce es en que los hombres otorgan menos prioridad a la elaboración de las comidas que las mujeres. Muchas de las mujeres usuarias de comedores sociales utilizan este recurso obligadas por la ausencia de suministros básicos en la vivienda (luz, gas y/o agua) o porque directamente viven en la calle pero también porque la cantidad de alimentos frescos en los lugares de reparto suelen ser bastante escasa e incluso inexistente. Esto las termina llevando al comedor social, donde sí que se puede comer verdura, carnes y pescado aunque sean conscientes de que no es la mejor opción.

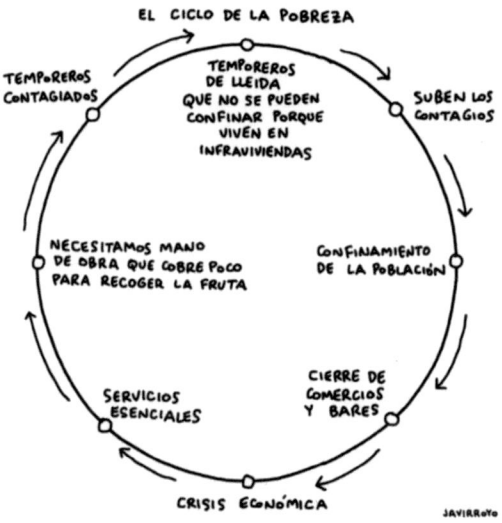

Otro de los factores, que determinan esta división sexual viene marcada porque las mujeres son las encargadas de la crianza, ya sea mujeres solas con hijos o familias tradicionales, puesto que tradicionalmente, los hombres han sido los encargados de proporcionar los recursos materiales a las familias, y las mujeres han sido las encargadas de sustentar: alimentar y nutrir, a las criaturas, a sus parejas y a las personas dependientes del entorno familiar. Por eso las colas de los bancos de alimentos, despensas solidarias o los bonos de ayuda son las opciones a las que tienen que optar las mujeres, pues la alimentación depende de ellas pero prioriza las otras "bocas" a las que alimentar.

Además muchas criaturas, en el Estado español, aún teniendo carencias de recursos económicos o bajos ingresos, no tienen garantizado el acceso a la beca de comedor escolar, menos aún en contexto de recortes, y aun así, aún teniendo acceso al comedor escolar las criaturas necesitan tener garantizada más de una única comida diaria. De tal forma que muchas mujeres se ven obligadas a buscar comida en la basura, hacer colas en los repartos de alimentos o solicitar ayudas como bonos de comida que otorgan ayuntamientos y diputaciones. Incluso, muchas de las veces, sacrifican su propia alimentación y su salud por la de sus criaturas.

La feminización de la pobreza en occidente se hace visible en torno a la carencia de garantías para adquirir alimentos para la sustentabilidad personal y del entorno familiar. Si preguntamos a estas mujeres, seguramente sean más conscientes que los hombres, usuarios de los mismos servicios, de que lo que comen no es un buen alimento. Además, nos gustaría resaltar que las diferencias culturales en torno a la adquisición y elaboración de alimentos provoca una doble discriminación para las mujeres que provienen de otras partes del planeta. Ya que, no sólo se toman poco en cuenta estas diferencias culturales, tanto en repartos alimentarios como en comedores sociales, sino que pueden llegar a ser un problema añadido que deje fuera de los circuitos del asistencialismo tanto a mujeres como a hombres debido a sus creencia religiosas, a los hábitos y costumbres alimentarias no occidentales.

FIN DE CICLO: ¿VOLVEREMOS A COMER BUENOS ALIMENTOS?

Decíamos que la falta de recursos económicos nos lleva a la búsqueda desesperada de comida por los circuitos establecidos, o por las basuras. Reciclar en grandes superficies, buscar contenedores en polígonos donde hay industria alimentaria, solicitar bonos de comida, comedores sociales o volantes para los bancos de alimentos en los Servicios Sociales de Base. O bien, "patear" las parroquias y las entidades sociales que reparten comida, que en estos tiempos han proliferado, desgraciadamente, generando un régimen clientelar.

No podemos marcar un único camino para este recorrido, porque normalmente va y viene por las distintas vías comentadas, dependiendo de la disponibilidad de comida de cada entidad, institución, parroquia o empresa. Los motivos para este devenir son múltiples: Por poner un ejemplo, algunas de las grandes empresas alimentarias han contratado seguridad privada en sus contenedores y vigilan a las trabajadoras precarias para que no se lleven ningún descarte de la cadena alimentaria a sus casas. Otro motivo es la carencia, sobre todo de alimento fresco en la mayor parte de los repartos en los momentos más duros de las "crisis". También, porque buena parte del fresco suele llegar en condiciones de putrefacción en buena parte de los casos. La contradicción es que todo esto sucede mientras que pequeñas producciones de alimentos se han visto con serias dificultades para colocar sus productos al ver cerrados los mercados de pequeñas productoras y veían como sus cosechas se echaban a perder.

Además de lo que implica el estigma de la pobreza y la precarización de la vida, que cada vez viven más personas y de las secuelas psicológicas y personales que deja la inmersión en la espiral de la exclusión social, para nosotras resulta indignante el negocio que gira entorno de la precarización y el empobrecimiento, fundamentalmente de la gran industria agroalimentaria. Esta industria desgrava impuestos a través de los excedentes que donan a instituciones y ONGs, quienes explotan la tierra, el agua y a las personas, para la producción de comida basura que poder adquirir, ahora ya en cualquier tipo de mercado de alimentación: pequeño comercio, supermercado y gran superficie. Y que han conseguido que el acceso a alimento sano, de cercanía, sin tratamientos químicos ni manipulación industrial sea prácticamente inaccesible incluso en el medio rural.

La gran industria agroalimentaria obtiene grandes beneficios del empobrecimiento. El negocio de la pobreza genera millones de euros, porque las grandes empresas desgravan impuestos de la donación de "excedentes" alimentarios y porque las campañas de los bancos de alimentos apelan a la caridad y la conciencia de la ciudadanía para que compren comida en sus establecimientos y la donen a las entidades caritativas, ONGs e instituciones que luego repartirán entre las personas pobres.

La perversión esta servida. Pues en lugar de defender que las personas puedan tener recursos propios para elegir cómo alimentarse, estamos desarrollado todo un entramado clientelar entre las personas dependientes de los repartos de comida y la mala conciencia de la ciudadanía que compra comida en grandes superficies para engordar los enormes beneficios de la agroindustria, que primero nos empobrece y luego nos mata.

Ya venimos explicando a lo largo todo el texto lo que tenemos entre manos, la industria "que nos alimenta" primero acapara todos los recursos necesarios para la vida, luego nos precariza, nos explota, nos deja sin empleo y por tanto sin recursos económicos para la sustentabilidad de la vida, y luego nos pone a su servicio para seguir sustentando la maquinaria capitalista a través del negocio de la pobreza.

ALGUNAS PINCELADAS SOBRE AGROECOLOGÍA, LO QUE SOMOS Y QUEREMOS SER.
Una mirada desde la producción

En primer lugar queremos precisar de qué productoras vamos a hablar. Partimos de nuestra experiencia, que se está desarrollando en una realidad que sabemos limitada, pues vivimos en un territorio con unas características específicas, que no son las mismas que podemos encontrar, evidentemente, en otros territorios. Por tanto, para nosotras es importante precisar que hablaremos de agricultoras que cultivan la tierra durante todo el año en parcelas no muy grandes (de máximo una hectárea), y donde ellas están presentes en todo el proceso productivo (desde preparar la tierra hasta la recogida y la distribución). La tenencia de esta tierra es en propiedad o alquilada, y siempre trabaja en red con otras, tanto agricultoras como personas de su entorno cercano, para sacar adelante la producción.

Desde esta realidad intentamos trabajar según los principios de la agroecología, que se desarrolla de diferentes maneras. La agroecología, según la Vía Campesina «constituye un proceso social, cultural y político y es una herramienta para la transformación colectiva de la realidad; se basa en el intercambio, la cooperación y la acción colectiva entre los pueblos, en el diálogo horizontal entre los conocimientos campesinos e indígenas y los conocimientos científicos, es integral, política y respeta la Madre Tierra. Las mujeres representan un papel fundamental ayudando a construir nuevas relaciones dentro de la familia contra el patriarcado, ofrece atención y nuevas oportunidades a los jóvenes, es liberadora y fortalece nuestra identidad colectiva como campesinos, pueblos indígenas y otras poblaciones rurales, sociales y culturales, produce alimentos sanos, es comunitaria y con valores anticapitalistas» (Vía campesina, 2015).

Entendemos, pues en la cotidianidad, que la agroecología se puede desarrollar en diferentes ejes que consideramos fundamentales y que nos gustaría introducir brevemente antes de aterrizar en nuestro proyecto. En primer lugar es un modelo de vida, que produce cultura, entendiendo ésta como todas las formas de producción tradicionales, con cuidado de las semillas y de las técnicas de producción. Esta forma de cultivo produce alimentos sanos, de temporada y con una fuerte relación con el territorio donde se dan.

Por otro lado, la distribución de estos alimentos no sigue los canales marcados por la industria, sino que busca la proximidad, que va más allá de los canales cortos de comercialización porque integran la mirada de la confianza entre productora y consumidora. Entre ellas, los grupos de consumo, personas concienciadas y con el compromiso claro de sostener y pertenecer a un proyecto necesario; espacios donde tendrían que darse los mecanismos de redistribución de los alimentos sanos entre la gente que no puede acceder a ellos.

En estos casos, hablar de un precio justo es difícil si esto se hace en base al que fijan las grandes distribuidoras "eco". En realidad, para llegar a una redistribución real del producto entre las que pueden acceder y las que no, necesitamos ofrecer un servicio no un bien, para así distribuir los costes entre consumidoras y productoras, que intentan generar un modelo sin explotación laboral, con una producción que respeta la biodiversidad y el medio ambiente, la temporalidad y los usos tradicionales.

Además, se hace imprescindible el trabajo en red con otras, para fortalecer el movimiento campesino, poder defender otros modelos de producción y establecer relaciones de apoyo y confianza mutua. Y siempre con la mirada puesta en la defensa del territorio, por lo cual es necesario buscar estar también enredadas con otros movimientos que defienden el territorio de las agresiones que produce el capitalismo y sus esbirros. La defensa del territorio es también la de un modelo de vida donde poder decidir cómo y qué queremos comer.

Desde hace mucho tiempo, la mujer ha sido invisible en este trabajo en nuestro territorio, donde sólo ha trabajado la tierra en trabajos subalternos específicos de recogida, venta y transformación, pero no en la gestión y decisión de la producción. La agroecología, sin embargo, más dada a incorporar el enfoque feminista, rompe esta subordinación visibilizando el trabajo de las mujeres y luchando en los espacios donde todavía es más «fiable» la voz de un hombre que la de una mujer. Asimismo, también se trabaja para que personas en exclusión puedan producir sus propios alimentos, o bien otras con enfermedades mentales puedan ser acompañadas en sus procesos terapéuticos, etc.

Para acabar de describir el modelo, y seguro que nos dejamos muchas ideas en el tintero, creemos que la propiedad de la tierra tendría que ser colectiva. Desde nuestra experiencia, esto no siempre es posible, pero es el horizonte hacia el cual hay que andar. Igual que colectivas tienen que ser las decisiones sobre los cultivos, los trabajos y todo aquello que promueva la autoorganización y la autogestión.

La precariedad como nueva clase social

Hemos pasado de la «precariedad laboral» como categoría que describía las míseras condiciones de la clase trabajadora, a utilizar «precariedad» como nueva clase social. Y es que las dificultades para desarrollar una vida digna van más allá de nuestras situaciones laborales. El sistema capitalista se empeña cada vez más en destruir nuestros derechos y menguar nuestras defensas en todos los aspectos centrales de nuestra existencia.

Cuando hablamos de pequeñas productoras dedicadas a la agroecología, la precariedad se hace patente efectivamente en la esfera laboral, tanto como en cualquier otra actividad de subsistencia. En la medida de nuestras posibilidades este texto intenta de manera humilde abordar las especificidades de ésta, aportando pequeños detalles de manera subjetiva en base a la experiencia de una explotación agraria ubicada en un tiempo y momento determinado. No se trata de un estudio, sino de una carta de miserias personales.

Podríamos afirmar que en los proyectos de carácter agroecológico de los que hablamos, el desgaste físico y mental es muy alto, y que los factores que lo producen son varios. Pero también tenemos que reconocer que existen modelos que buscan romper con la explotación, la incertidumbre y la precariedad.

Sobre la inseguridad, la incertidumbre, y la falta de garantías

Si de una cosa estamos seguras es que de hambre las personas agricultoras no morirán. Pero poder adquirir otros bienes es otra cosa muy diferente. Nuestro proyecto generó en 2019 beneficios para cada miembro por un valor de 10.320 € de donde tenemos que descontar tanto la gasolina como el coste de las afiliaciones a la seguridad social y otras obligaciones fiscales lo que nos sitúa bastante por debajo del ingreso medio por persona de 2018 (11.412€, según la última Encuesta de Condiciones de Vida del INE), situándonos cada vez más cerca del umbral de la pobreza. A pesar de que algunas fórmulas nos benefician de manera ridícula, nos vemos obligadas en muchos casos a trabajar en economía sumergida. La falta de sensibilidad por parte de la administración en este caso, obliga a los proyectos a vivir en una esfera que dificulta la venta de su producto, debido a la falta de autorización administrativa, así como la compra de otros. Además esta situación genera una desprotección en situaciones de vulnerabilidad, bajas laborales, jubilación, etc.

La falta de capacidad de inversión por parte del pequeño agricultor dificulta la mejora técnica de las prácticas agrícolas. Encontramos dificultades a la hora de generar fondos comunes, a la vez que menguan los préstamos con bajos intereses para este sector. La falta de voluntad política y de ayudas o subvenciones de las administraciones más locales se muestra en pequeños planes para favorecer la gran empresa a través de fondos europeos, y nos deja al resto el hecho de invitarnos a mercados donde somos expositores de sus buenas voluntades.

La inestabilidad en la venta de nuestro producto también sería un factor determinante. El libre mercado nos brinda consumidoras desarraigadas de sus entornos, aficionadas a las compras en grandes superficies, ciegas ante la procedencia y composición de los productos y pendientes de las vacaciones y del ocio. La falta de concienciación por un consumo responsable y coherente, marca la ausencia, en muchos casos, de grupos de consumo potentes, no tanto con sus compras, sino con sus prácticas; y la falta de co-productoras que forman parte del engranaje agroecológico denota la falta de implicación en lo que producimos, en el interés por re-apropiarnos de nuestra salud y alimentación.

Actualmente el formato de los pequeños mercados donde se premia lo local, está dando resultado a las productoras, pero las administraciones locales se vanaglorian de ofrecerlos mientras muestran al agricultor como un personaje del pasado que hay que conservar como producto cultural, y no como productora de energías para la reproducción de la vida. Por tanto y resumiendo, las ventas son inestables, como por ejemplo en verano donde la afluencia de consumidoras y la venta de producto menguan. Necesitamos promover que las plantas no descansan, y por lo tanto tampoco el trabajo con ellas, mientras el pequeño productor necesita una estabilidad en la venta, que tan sólo podrán ofrecer los grupos de consumo más organizados. En nuestro caso, desde hace unos meses hemos dado el salto para acercar nuestro proyecto a la Agricultura Sostenida por la Comunidad, donde existe un compromiso mutuo entre productoras y consumidoras, y donde éstas pasan a apoyar el proyecto de forma más sostenida en el tiempo, lo que permite la sostenibilidad del proyecto a nivel económico así como el mantenimiento de las prácticas agrícolas en las que basamos nuestra producción.

También podemos hablar de falta de tiempo o deficiente conciliación de la vida familiar y social. No podemos olvidar que las agricultoras trabajan con medios de producción vivos, y que todo ser vivo necesita un mantenimiento. Si a este mantenimiento le añadimos otro «mantenimiento», el de nuestra vida reproductiva, el tiempo y las energías se esfuman. La implicación con las plantas sería comparable con la de las personas dependientes. Esto comporta jornadas muy largas en el campo, provocando que el mantenimiento de la esfera reproductiva caiga en otras manos o bien en una mala conciliación. La auto-explotación sería, en muchos casos, un rasgo distintivo de las productoras.

En cuanto a la formación, ésta no dista de un modelo diferente a la de otros sectores, orientada en base a conocimientos teóricos que ubican el trabajo agrícola de calidad en esferas productivistas como el control sanitario, la gestión de plantaciones, la organización empresarial y la comercialización, en detrimento de prácticas agrícolas con miles de años de antigüedad, que velan no sólo por nuestra salud, sino también por la conservación de nuestro patrimonio y entorno medioambiental.

El acceso a la tierra, y por lo tanto a los medios de producción tampoco dista del resto de sectores. La propiedad privada es manifiesta de diferentes formas según el contexto histórico de la zona, ya sea en pequeñas explotaciones o bien en grandes extensiones. Echamos de menos una propiedad colectiva de la tierra, donde no haga falta que todas seamos productoras, aportando así los beneficios de una gestión común de los medios de producción, lo que destruiría las situaciones de privilegios y la modificación de nuestras relaciones entre productoras y nuestro entorno.

La certificación ecológica que se da desde la mayoría de administraciones públicas, por otro lado, tiene como eje central el negocio, no la salud. De este modo, esta certificación se basa en controles genéricos, que no tienen en cuenta la especificidad de cada situación, no incluye parámetros sobre condiciones laborales, está realizada por funcionarias externas sin ningún tipo de relación con las productoras a quienes certifica y además, tiene un coste que tiene que asumir la agricultora. Aun así hace tiempo que existen experiencias de certificación "alternativas": los SPG (Sistemas de Garantía Participativa) donde participan otras productoras y consumidoras, basada en la confianza y el apoyo mutuo, y donde nosotras nos vemos reflejadas (y participamos). En cualquier caso, nuestra pregunta siempre es la misma, ¿por qué tenemos que certificar aquellas que hacemos este tipo de cultivo sin envenenar la tierra ni el agua ni los alimentos?

Para cerrar, diremos que el campo no está libre de patriarcado. Ya decíamos en un párrafo anterior que las mujeres siempre han hecho los trabajos subordinados sin implicación en la gestión, y que ésta es una relación que quiere romper la agroecología, pero, todavía así, se continúan dando dobles jornadas porque las mujeres tienen que ir a cuidar personas dependientes, o hacerse cargo de los trabajos domésticos; continúa siendo difícil el reconocimiento a su trabajo, etc. Y todo esto genera más precariedad en las mujeres que quieren dedicarse a trabajar la tierra.

La Renta Básica de las Iguales en la construcción de otro modelo alimentario

En tiempos de pandemia, empiezan a llover los discursos y debates sobre Ingresos Mínimos Vitales y Rentas Básicas varias. Bienvenidos sean si sirven realmente para avanzar hacia una conciencia social y una visión de que contar con unas necesidades básicas cubiertas es un derecho de todas las personas.

Estos debates se vienen dando desde hace años. La Renta Básica se viene desarrollando y discutiendo ampliamente desde hace tiempo y las gentes de Baladre hablamos de la Renta Básica de las Iguales (RBis) en un paso más y desde la construcción comunitaria, feminista, decolonial y antirracista. En cualquier caso, muchas de quienes andaban en estas discusiones en los últimos tiempos (pre-pandemia) andaban debatiendo sobre trabajos, empleos e incluso cruzaba ya por aquí la robotización de las vidas, relacionado con este tema. Discursos en su mayoría muy ligados a lo productivo y al espacio tradicional donde la izquierda identifica la construcción de la lucha obrera, las fábricas o la relación tradicional patrón-obrero (en masculino porque la visión tradicional también mira en masculino). Desde el discurso de la Renta Básica de las Iguales el punto de partida es otro, es colocar la vida en el centro, son los cuidados y la creación de lo comunitario, es partir de que en mundos interdependientes y en planetas con límites, sólo con comunidad puede haber cuidados y de que el pilar es lo comunitario y no el ingreso. El ingreso es una herramienta para conseguir otras realidades, no un objetivo en sí mismo y es en el desarrollo de la RBis en la que hemos empezado a introducir una mirada que aterrice esto en lo rural, en lo alimentario y en qué puede suponer algo como una Renta Básica de las Iguales en nuestro medio rural, hasta ahora totalmente abandonado y despreciado desde la urbe como espacio de construcción frente a la destrucción capitalista, a pesar de ser el medio que nos alimenta y sostiene nuestra vida. Prueba de ello es que algo tan evidente como la precariedad del sector agrícola y ganadero, ampliamente conocida, rara vez es considerada como un elemento dentro de la mayoría de los debates sobre Renta Básica y a su vez, tampoco asociaciones agrarias de ningún tipo participan de este debate, primero porque no han sido invitadas y segundo porque ni ellas mismas lo consideran como algo que les incumbe. Y es algo que, como estamos viendo, nos incumbe a todas las personas.

Si miramos al sistema alimentario, como estamos comprobando, contamos con un sistema que en los últimos 60 años se ha desarrollado hacia la dependencia de insumos externos, modelos poco sostenibles con el medio ambiente, bajas rentas para las personas productoras y un medio rural cada día más vacío y precarizado mientras para las consumidoras se ha creado un modelo en el que se confunde cantidad con diversidad e ingerir con nutrirse; e ir a lugares donde se exhibe acumulación se confunde con poder elegir. Así, hoy de un plato de comida es más importante el valor de una buena foto que el valor nutritivo y el acercamiento de las personas a lo alimentario viene a través de las pantallas en formatos televisivos o redes sociales de consumo masivo.

En los últimos años, desde los movimientos que trabajan por la agro-ecología y la soberanía alimentaria se vienen desarrollando otros modelos como la Agricultura Sostenida por la Comunidad o diferentes fórmulas de asociaciones y cooperativas agroecológicas que buscan romper con ese modelo, pero a día de hoy, a pesar de que su desarrollo es importante y fundamental para muchas productoras, son minoritarias y tienen que sobrevivir día a día entre las tensiones que supone ir a contracorriente.

En este contexto, ¿qué puede suponer la Renta Básica de las Iguales? Como apuntábamos anteriormente, la actividad agrícola y ganadera vive en la incertidumbre constante. Cuanto más cercano es el modelo productivo a lo ecológico, a la naturaleza, menos se artificializa y más se depende de que la tierra y el clima respondan a los cuidados que reciben. Y cuanto más nos alejamos de la tierra e intensificamos el modelo, más dependemos de que el MERCADO "responda" a los productos que le enviamos. La tierra siempre ha sido más fiable que el mercado, pero la ausencia de cuidados y el maltrato de uno a la otra pasa factura. Hoy en día el caos climático no es gratuito y afecta especialmente a quienes más han cuidado la tierra, aunque a la vez demuestren día a día ser quienes más capacidad de resiliencia tienen.

En este contexto, ¿qué podría pasar si se implementa una RBis individual, universal, suficiente e incondicional? Muchas dirían que nos quedaríamos sin personas agricultoras y ganaderas. Seguramente porque esta actividad siempre se ha despreciado y en muchos casos se ha ofrecido como castigo, incluso dentro de familias campesinas. El "desarrollo" está en otros lados y el "si no estudias te vas a cuidar cabras" o "te tocará coger la azada", se repetía y aún se repite en muchas mesas del medio rural, asociando estas actividades a la ignorancia, cuando lo que suponen si se hacen desde un hacer campesino es una sabiduría muy importante. En cualquier caso, no es el sueño de casi nadie que sus descendientes sean campesinas, es en todo caso, la actividad de la que hay que huir. Pero a pesar de todo, por suerte, contamos con personas que han decidido dedicarse a ello y quienes las conocemos sabemos que no lo hacen por descarte. Quien escucha a una persona que se dedica a la agricultura o a la ganadería hablar de su trabajo se da cuenta inmediatamente de que no lo hace ni por el sueldo ni por el dinero, no describe un empleo sino una forma de vida. Por lo tanto, la

RBis lo único que haría es que ese trabajo se pudiese hacer desde la seguridad de contar con las necesidades básicas cubiertas que permitan vivir y trabajar de forma digna.

Por otro lado, en el modelo de producción intensivo descrito, la dependencia es clave para que la esclavitud persista. Las productoras, en la mayoría de los casos, se han especializado en pocos cultivos y en grandes cantidades para el MERCADO globalizado, dependiendo absolutamente de ese mercado y de los subsidios para sobrevivir, aliñados con altas dosis de competitividad. Si en lugar de subsidios condicionados a un modelo intensivo, que no las sostiene ni a ellas ni al planeta, recibieran una Renta Básica, su capacidad de decisión y de negociación sería muy distinta. Podrían presionar por unos precios dignos y podrían decidir qué cultivar y cómo, mirando a la tierra y no al MERCADO y siendo mucho menos dependientes. Además, el contar con ingresos suficientes posibilitaría que las mujeres pudieran pagar la Seguridad Social y dar un paso más hacia su visibilización e incluso su construcción identitaria como mujeres productoras y en el caso de las Jornaleras, dejarían de ser mano de obra esclavizada al tener capacidad de decir No. La monetarización no es la solución, pero la ausencia de recursos propios ha sido un arma histórica del patriarcado para la perpetuidad de la dependencia de las mujeres. Esto no sería bueno sólo para el campesinado, sería bueno para todas porque podríamos construir transiciones hacia un modelo de producción mucho más ecológico, relocalizar la economía y generar mundos más justos. Contemos con que todas las personas recibirían la RBis, por lo que desde el lado del consumo se podría acceder a alimentos más allá de lo rápido y lo barato que nos enferma y salir de las dependencias y precariedades que hemos descrito. Además, en el momento en el que podemos elegir también fuera del medio rural sobre nuestras vidas y nuestros tiempos, podríamos pararnos a repensar la división sexual del trabajo y las desigualdades en los hogares y al hacerlo más allá de lo individual, desde la construcción colectiva, redistribuir tareas e incluso contar con cocinas comunitarias donde las ollas colectivas sean un espacio de construcción social.

¿Es la RBis la solución a todos los problemas? Ni mucho menos, obviamente esto no sería automático y hay mucho bagaje e imaginario social a transformar. No podemos suponer que por aumentar la capacidad de elegir todas las elecciones van a ser buenas, sostenibles y justas. Como decíamos al principio, nos atraviesan demasiadas desigualdades y un ADN capitalista que nos puede llevar por muchos caminos. Esto tiene que venir acompañado de otras medidas, para empezar que visibilicen otros modelos que no sólo son más justos y posibles, sino que a medio plazo son los deseables si entendemos el caos climático y las múltiples intersecciones entre desigualdades (sexo, raza, clase social) que estamos viviendo. Debe acompañarse de mucho trabajo en planos sociales y políticos, así como en desarrollos público-comunitarios que rompan la dicotomía centro-periferias. Igualmente algo clave que vienen defendiendo distintas propuestas sobre Renta Básica es que debe cumplir con las premisas de ser universal, individual, incondicional y suficiente. Premisas clave, ya que si no es suficiente será un subsidio más, que en lugar de liberar realmente, únicamente actuará como paliativo que no resuelve el problema, pero hace sentir mejor, por lo que puede tener como consecuencia no curar sino aliviar síntomas y a la vez desmovilizar. En el caso de la RBis, no nos conformamos con mirar a lo individual y se parte de que como seres interdependientes no es posible la sostenibilidad sin comunidad, por eso se plantea desde una construcción comunitaria. Por eso este modelo, si cuenta con andamiaje en algún sitio, es en los pueblos. Todavía hoy se realiza gestión de tierras comunales, existen comunidades de regantes, en algunos territorios se mantienen los Concejos y podemos decir que en prácticamente todos existe una identidad común. Esto no debe confundirse con que todas las personas que habitan en los pueblos viven en paz y armonía, pero sí saben que la gestión de lo comunitario y su mantenimiento depende de entenderse. Son capaces de gestionar juntas lo común en el día a día aunque no tengan la mejor de las relaciones porque su cotidianidad se basa en ello. En ellas queda poso de gestión comunitaria por lo que no se empezaría de cero y el grado de transformación a nivel tanto productivo como social sería muy importante y totalmente transformador para el sistema alimentario. En lo urbano es necesario abordar esta construcción pero en muchos lugares lo comunitario es un concepto casi perdido que incluso en estos tiempos difíciles está costando recuperar.

Trabajar en el desarrollo de la RBis incorporando la mirada de la Soberanía alimentaria y el Derecho a la alimentación y nutrición adecuada, conlleva repensar las relaciones con los alimentos, empezando desde la semilla y terminando en el plato. En el contexto actual es necesario abordar transiciones que nos permitan avanzar hacia modelos más justos y más sanos para las personas y el planeta, hacia lo que llamamos Alimentos Sostenidos por la Comunidad, pero sostenidos desde la dignidad y no desde la mera supervivencia. Desde la perspectiva de la interdependencia con otras y con la tierra. Estos abordajes requieren de debate, nuevas formas de construcción y múltiples herramientas e interrelaciones con otros sectores. Todo esto requiere de tiempos que el sistema capitalista hoy no nos permite, por lo que la RBis sería entre otras cosas una herramienta para poder contar con el tiempo que necesitamos para diseñar transiciones agroecológicas y que incorporen múltiples soberanías además de la alimentaria.

LA PROPUESTA

Frente al asistencialismo alimentario hoy

Cuando el acceso al alimento se hace desde una perspectiva no de derecho sino caritativa, hablamos de asistencialismo alimentario, y por desgracia, hoy en día, esta perspectiva es mayoritaria en los espacios con los que cuentan las personas en exclusión social para poder llenar la despensa. En la actualidad, las personas sin recursos que tienen que recurrir al asistencialismo alimentario, lo hacen fundamentalmente por la vía de la Fundación Banco de Alimentos, sus entidades adheridas u otras como Cáritas o Cruz Roja que acceden directamente tanto a los excedentes alimentarios a través de fondos de la UE como a donaciones particulares. Sin embargo, muchas de las veces, en ciudades y municipios es la administración pública, a través de los Servicios Sociales de Base quien gestiona los accesos, o deriva a las personas sin recursos hacia estos "servicios alimentarios". Según los últimos datos que había antes del momento de pandemia que estamos viviendo, en el Estado Español el 22,1% de la población vivía por debajo del umbral de la pobreza y había suprimido alguna ingesta de su alimentación diaria accediendo a parte o toda su alimentación a través de alguno de estos canales. La distribución realizada por estas entidades viene regulada por el "Programa de ayuda alimentaria y retirada de frutas a distribución gratuita" cofinanciado en un 85% por ayudas europeas y el 15% restante con fondos del Estado Español. El Fondo Español de Garantía Agraria (FEGA) se encarga de licitar y comprar productos y de designar a las Organizaciones Asociadas de Distribución (OAD). En el año 2020 según los datos publicados, el FEGA había comprado 88,4 millones de kg/litros de productos, distribuidos principalmente por Cruz Roja Española y la Fundación Bancos de Alimentos (FESBAL) que las hacen llegar a un total de 5650 entidades. Los productos que se han adquirido, las cantidades y las empresas adjudicatarias son las siguientes[5]:

....
[5] Estos datos se pueden encontrar en la página del FEGA: https://www.fega.es/es/PwfGcp/es/accesos_directos/plan2010_ayudas/Ayuda_a_las_personas_mas_necesitadas_2015.jsp

PRODUCTO	Marca	EMPRESA	KG/L
Arroz blanco	Signo	Arroces y Cereales, S.A.U.	2.136.228 kg
Arroz Blanco	Oriente	Novarroz-productos alimentares S.A.	2.126.004 kg
Alubias blancas cocidas	Penelas	Legumbres Penelas, S.L.	2.360.623 kg
Alubias blancas cocidas	El cano	Acico, S.A.	1.195.850 kg
Leche entera UHT	Primor	Lactogal Productos alimentares, S.A.	34.912.180 l
Pasta tipo macarrón	Ardilla	SIRO Venta de Baños, S.A.	3.252.646 kg
Tomate frito en conserva	Apis	Carnes y Vegetales, S.L.	7.358.696 kg
Galletas (Tipo María)	Siro	Galletas SIRO, S.A.U.	3.875.969 kg
Macedonia de verduras en conserva	El Cano	ACICO, S.A.	5.650.086 kg
Melocotón en conserva en almíbar ligero	Pavlides	Prodromos Pavlides, S.A.	5.193.539 kg
Batido de chocolate	Gresso	Lactogal, productos alimentares, S.A.	2.792.208 l
Batido de chocolate	Choleck	Lactalis Food Service Iberia S.L.	2.724.969 l
Tarrito infantil (pollo y fruta)	Hero	Hero España	237.874 kg
Conserva de carne (Magro)	Coren	Industrias frigoríficas del Louro, S.A. (FRIGOLOURO)	1.386.555 kg
Conserva sardinas en aceite vegetal	Isabel	Bolton Food S.L.	1.660.376 kg
Aceite de oliva	La Masía	Oleomasía, S.A.	7.611.210 l

Estos productos son distribuidos o bien de forma personal a las familias o se utilizan para cocinas de comedores sociales gestionados por las OAD. Los productos distribuidos se caracterizan por la escasez de productos frescos. Asimismo se puede ver como las empresas que obtienen la licitación son grandes agroindustrias ya que se establece que "*las empresas adjudicatarias se comprometen a suministrar los alimentos a los centros de almacenamiento y distribución que las OAD tienen en todas las provincias, Ceuta y Melilla*", por lo que difícilmente accederán empresas más pequeñas de ámbito más local. Las políticas públicas que sustentan estos canales priorizan la gran escala por encima de otras consideraciones fundamentales, como los aspectos nutricionales, algo importante en el caso de personas cuya alimentación rara vez completa 3 comidas al día.

A estas empresas se suman las grandes superficies con sus campañas de recogidas de alimentos. Estas campañas consisten en donaciones por parte de las grandes superficies de productos no perecederos. Muchas de ellas donan un kilo de producto por cada kilo que donen sus clientes. Estas campañas son incentivadas fiscalmente, de modo que las grandes superficies obtienen una compensación del 35% del valor del alimento total donado (se incluye en el cómputo el donado por los clientes) en el impuesto de sociedades anual a pagar por dicha empresa. Con todo esto, vemos como esta ayuda alimentaria ayuda principalmente a la gran distribución a canalizar sus excedentes obteniendo además beneficios fiscales, mientras no se toma en cuenta si lo que se reparte es alimento o meros productos comestibles.

Los modelos

Desde nuestro punto de vista, en su gran mayoría, los diferentes modelos de asistencialismo en la alimentación apenas cuentan con elementos que dignifiquen tanto la vida como la alimentación de las personas y no se caracterizan por ser modelos emancipadores, sino que generan dependencia y sumisión para quienes tienen que recurrir a ellos. Haremos un recorrido señalando algunos aspectos positivos y negativos que nos despiertan estos modelos alimentarios:

- COMEDORES SOCIALES: generalmente este modelo lo desarrollan entidades caritativas, de corte religioso en su mayoría (algunas de corte político de extrema derecha han aflorado en los últimos años) y también se dan modelos municipales que suelen estar subcontratados a empresas de inserción o grandes empresas de cáterin. Generalmente, se hace una única comida al día, aunque en algunos casos también se reparten bocadillos para la noche y para los fine de semana en aquellos comedores que cierran cuando no son días laborables.

Se caracterizan por elaborar alimentos de muy baja calidad, incluso a veces rescatados de lo que se va a tirar en el caso del alimento fresco.

La gestión de las personas que dispensan la comida suele ser personal voluntario, con algunas excepciones de quienes cocinan y en el caso de los comedores públicos subcontratados, la precariedad laboral y la escasez en las cantidades de comida es la tónica general. También existen algunos modelos de comedor que cuidan la elaboración y el producto que sirven, como es el caso del comedor de la capital navarra París 365, que además de estar abierto todos los días realizan acuerdos con productoras locales para aprovechar el excedente de producto fresco. Respecto a las personas usuarias de este modelo de servicio, suele ser mayoritariamente masculina, por dos cuestiones fundamentales, por la prohibición de entrada de menores, lo que implica que las mujeres con criaturas no acudan habitualmente, (salvo si las criaturas cuentan con becas de comedor) y por otro lado, como ya comentamos anteriormente, porque las mujeres que sí tienen opción a cocinar, es decir, no viven en calle, optan mayoritariamente por el modelo de reparto/recogida de alimentos de las entidades caritativas.

- DESPENSAS SOLIDARIAS: la característica principal de este modelo es la de poder elegir los productos aunque existan límites de cantidad y/o de producto en función de los miembros de las familias y de los alimentos donados. Desde nuestro punto de vista este modelo tiene una orientación clara hacia la dignidad de las personas usuarias mucho más cuidada que los repartos de alimentos al uso, ya que quienes reciben los alimentos lo hacen a partir de modelos participativos o de apoyo mutuo. Al contrario que en el modelo de reparto de alimentos al uso, en el que obligan a las usuarias, generalmente, a llevar todo lo que se ofrece o quedarse sin nada, este modelo cuida lo que distribuye y a quienes lo recogen. Es uno de los modelos más heterogéneos, ya que hay modelos más institucionalizados, con participación por parte de los Servicios Sociales, otros en los que se piden pequeñas aportaciones económicas, etc. pero las más interesantes son las que surgen desde las redes y colectivos vecinales, ya que suelen estar más vinculados al apoyo mutuo que a la prestación de servicios. Estos suelen tener en cuenta, no sólo la alimentación, sino productos de higiene y de lavado, algo que los bancos de alimentos no suelen incorporar. También, por lo general, tienen un carácter más relacional entre quienes participan en las donaciones de alimentos o de dinero para la compra de alimentos y quienes las reciben, más enmarcadas en dinámicas de apoyo mutuo que en las de mera caridad. Un ejemplo interesante es el de la despensa del barrio se Carabanchel en Madrid.

- BONOS DE COMIDA/TARJETAS TELEMÁTICAS: al igual que en el caso anterior, en cuanto a los bonos de comida hay diferentes modalidades, la diferencia fundamental es si son de carácter público, o parten de entidades sociales. En el primer caso, las administraciones públicas pactan con grandes superficies alimentarias, ya sean bonos o tarjetas que obligan a comprar en un establecimiento determinados productos y por una cantidad de dinero restringida. Podemos decir que incluso en los casos en que la cuantía es razonable cuentan con el inconveniente de que la mayoría obligan a gastarla en una sola vez. Esto tiene implicaciones importantes, sobre todo para familias que no tienen transporte privado, que además suelen ser las mujeres solas, ya que deben resolver cómo llevar gran cantidad de peso hasta sus casas. También existen ejemplos, todavía minoritarios de bonos que bien Ayuntamientos o bien entidades sociales pactan con el pequeño comercio local, de manera que cumplen un objetivo más ético y más comprometido con las usuarias bidireccionalmente. En este sentido encontramos interesante el ejemplo de Barberà del Vallés, iniciativa llevada a cabo por las técnicas de Bienestar Social del Ayuntamiento que entregan a personas con recursos económicos insuficientes vales de compra que poder usar en algunos comercios del mercado: verdura, fruta, pescado, carne y congelados. Cada persona tiene un número de vales al mes en función de su situación familiar y social. En un mismo establecimiento cada persona puede gastar 2 vales por compra como máximo (1 vale=10€), y también hay un precio máximo por kg para los diferentes productos[6].

- RECICLAJE DE ALIMENTOS/NEVERAS SOLIDARIAS: estos dos modelos creemos que se enmarcan entre los más denigrantes para las personas, ya que implica, fundamentalmente mala calidad de los productos que se donan y que se recogen. En el caso de las neveras, son frigoríficos que suelen colocarse en la calle y en los que cualquier persona puede dejar o recoger productos. Se justifica su idoneidad porque preserva el anonimato, sin embargo, lo que provoca es distanciamiento entre quienes donan y quienes reciben, y que se suele traducir más en conductas de lavado de conciencia que de solidaridad y apoyo mutuo. De hecho, los alimentos que se suelen encontrar así lo revelan, el escaso interés y preocupación o respeto por el alimento y quienes lo van a recoger. Y en algunos casos el aprovechamiento por parte de las industrias de refrescos por ejemplo, ya que en algunos casos se encuentra gran

....
[6] «Ja volem el pa sencer: respostes a la pobresa alimentària en clau de sobirania alimentària» d'ASAC!

cantidad de refrescos (poco sanos) en estas neveras. Por otra parte, el reciclaje de alimentos, puede ser una opción interesante desde el punto de vista de muchos productos no perecederos o ultraprocesados a los que se puede acceder porque están a punto de caducar o tienen alguna tara en el envasado y antes de que acaben en la basura es preferible que las personas los puedan reciclar. Pero seguimos insistiendo en la baja calidad de esos alimentos y en la posición de no poder elegir aquello que se necesita, sino que tomas lo que viene dado. En cuanto al alimento fresco, depende de la procedencia, se puede estar reciclando alimentos y frutas casi al punto de la fermentación, es decir en muy mal estado, como los que se suelen recoger en los mercados de las grandes ciudades: MercaMálaga, MercaValladolid, ... Debemos señalar que también existen otras opciones de reciclado, tal vez más minoritarias pero más respetuosas con quienes reciben el producto porque se hacen desde la proximidad del espacio que lo suministra: un mercado o un productor local, una tienda de barrio...

- **COCINAS COMUNITARIAS:** las cocinas comunitarias son espacios de base generalmente barrial y de uso comunitario. Son espacios todavía minoritarios, poco conocidos en el Estado Español y mucho más extendidos al otro lado del charco, pero de los diferentes modelos que hemos enunciado, claramente nos posicionamos a favor de este, aunque también apoyemos los modelos de despensas sociales más aferrados al apoyo mutuo. Sin embargo, entendemos que las cocinas comunitarias tienen un componente más "igualador" o "integrador" en lenguaje técnico. Al igual que en los modelos anteriores, hay diferentes formas de entender las cocinas comunitarias, o de poder ponerlas en práctica

por los recursos disponibles, desde nuestra perspectiva este modelo es interesante ya que contiene elementos de autoorganización, de cooperación, solidaridad y apoyo mutuo. En definitiva, que se desarrolle desde una perspectiva comunitaria que atraviese las diferencias y que se oriente hacia la justicia social nos motiva, ya que aunque un modelo de cocina comunitaria pueda surgir con bajos recursos y de forma muy voluntarista, se puede dar que en la relación se oriente hacia formas de repensar el alimento, la relación con la tierra, la creación de empleos, la formación y el aprendizaje... Además cuenta con un componente importante y es que la posibilidad de cocinar los alimentos en este formato aborda también las carencias que puedan tener los hogares en cuanto al acceso a la energía.

Un ejemplo en construcción: Vencedores en Sevilla.

- HUERTOS SOCIALES/ INTER-HORTI-CULTURALIDAD: Un modelo importante de acceso a alimentos para muchas personas en exclusión social son los huertos sociales. Estos huertos se cultivan en parcelas, bien cedidas por los ayuntamientos o por particulares o bien en algunos casos, ocupadas por colectivos sociales. Generalmente se reparten las tareas de forma colectiva y se reparte entre todas las personas la producción. En lugares como Abetxuko en Gasteiz, hemos conocido la variable de la inter-horti-culturalidad, es decir, el huerto se convierte no sólo en un lugar de acceso a alimento, sino también en un espacio de intercambio cultural entre personas de orígenes diversos. Así, traen semillas (o se intentan conseguir si ellas no tienen) de productos de sus lugares de origen y se comparte no sólo la producción sino los saberes y la cultura asociadas a los cultivos.

Además de estos modelos, es interesante compartir que hay, aunque pocas, cada vez más iniciativas desde las instituciones de compra pública promovidas por ayuntamientos, como el caso mencionado de Barberà del Vallés, el caso de Córdoba y alguna Consejería de Agricultura como Baleares, que están conectando pequeña producción local y/o agroecológica directamente con quienes necesitan acceder al alimento, promoviendo de esta forma tanto una relación más cercana como una alimentación sana y de calidad para todas, es decir, poniendo el derecho a la alimentación y nutrición adecuadas como pilar para esta labor. Además de la administración, en muchos lugares existen los grupos de Agricultura sostenida por la Comunidad, grupos de personas que conjuntamente gestionan la producción de alimentos y tanto quienes se dedican a cultivar como quienes no comparten los riesgos y los productos de la tierra. En estos grupos, se dan iniciativas para que la alimentación sea accesible para todas generando cajas de resistencia para quienes no pueden aportar monetariamente o dinámicas de trueque de trabajo por alimentos. Este tipo de iniciativas está demostrando en tiempos de crisis su capacidad de respuesta y organización frente a situaciones excepcionales y está teniendo un crecimiento importante de la mano de los grupos de apoyo mutuo locales.

La propuesta desde Baladre

Para nosotras, no tiene sentido construir una propuesta alternativa al malcomer si no es desde una acción colectiva y una reflexión conjunta entre los colectivos y las personas más afectadas. Por ello, desde Baladre hemos querido pensar de forma conjunta en torno al acceso a la alimentación de las personas que viven en la exclusión y las reflexiones y propuestas que compartimos a continuación surgen de espacios de reflexión y debate en encuentros con personas de grupos de la Coordinación Baladre[7].

El punto de partida

Se constata lo explicado en apartados anteriores. A día de hoy las posibilidades de acceso a alimento para quienes viven en las periferias son limitadas. Las principales están absolutamente condicionadas e intermediadas por instituciones públicas que ven y tratan a estos colectivos desde una situación de poder, o entidades benéficas que lo hacen, en su mayoría, desde una perspectiva caritativa. Fuera de estos canales, e incluso en ellos, en los barrios periféricos es mucho más sencillo acceder a comida procesada que a alimento fresco y de calidad. Por una parte, por la propia falta de disponibilidad de establecimientos donde encontrar comida sana y por otra, por el precio que alcanzan hoy los alimentos que realmente nos alimentan, locales, de temporada y producidos con un modelo sostenible. Alimentos que deberían estar al alcance de toda la población se han convertido hoy en un lujo accesible únicamente a quienes se los puedan permitir.

A todo esto hemos de sumar que las periferias no están exentas de la distancia que se ha establecido en el último siglo entre el campo y la ciudad. La separación Norte y Sur global pierde su efecto en un

---

7 Esta propuesta se ha realizado de forma colectiva en dos talleres realizados durante encuentros de la Coordinación Baladre en Salamanca y Vigo.

mundo globalizado, donde cada ciudad tiene un Norte y un Sur propios. Muchas de quienes habitan ese Sur provienen del medio rural más o menos lejano, y se ven en la paradoja de que habiendo sido productoras de alimentos se ven convertidas hoy en consumidoras de alimentos procesados por el mismo sistema perverso que las expulsó de sus pueblos. Por ello, tender puentes entre el campo y la ciudad es cada día más urgente. Ambas realidades están bajo un sistema dominante que provoca hambre y exclusión en las periferias de las ciudades y trata a las productoras de alimentos como una periferia más, con la ventaja de no ser visible por quedar fuera de los límites físicos de las urbes.

Todo ello, hace que desde los colectivos que (sobre)viven en las periferias se vea necesario una propuesta en la que planteemos la construcción de nuestras propias alternativas, saliendo de lo clientelar, lo condicionado, lo caritativo y poniendo la alimentación en el lugar que se merece, el de un derecho humano básico en torno al que trabajamos, desde el medio rural y urbano, con un objetivo: la soberanía alimentaria.

Por todo ello, reflexionamos y trabajamos planteando nuestra propuesta para la consecución de un derecho a una alimentación y nutrición adecuada, construida no desde una mirada únicamente técnica sino desde una construcción política, ya que nuestras vidas no pueden valorarse en base a meros indicadores cuantitativos o fórmulas matemáticas. A día de hoy, en un mundo donde se produce el 150% del alimento necesario, quién come y quién deja de comer no es una cuestión meramente técnica sino una decisión política. Por ello, la búsqueda de otros modelos debe venir de un planteamiento político que se plasme en acciones adecuadas a las vidas y las realidades que necesitamos transformar.

En esta transformación tenemos claro lo que queremos mantener alejado y hacia dónde queremos acercarnos. No nos sirven falsas soluciones individualistas ni intermediaciones que hacen creer a quien malcome que acceder a un alimento sano debe ser cuestión de buena fe por parte de algunas instituciones (públicas o privadas), no nos sirven parches que siguen perpetuando la culpa en las mujeres en su rol desigual de cuidadoras asignándoles a ellas la responsabilidad del cuidado y alimentación de las familias y desde luego no nos sirven grandes marcas que aprovechan las precariedades para ponerse grandes medallas con Bancos de Alimentos que sirven a sus propios intereses y no a las necesidades nutricionales de las malcomidas.

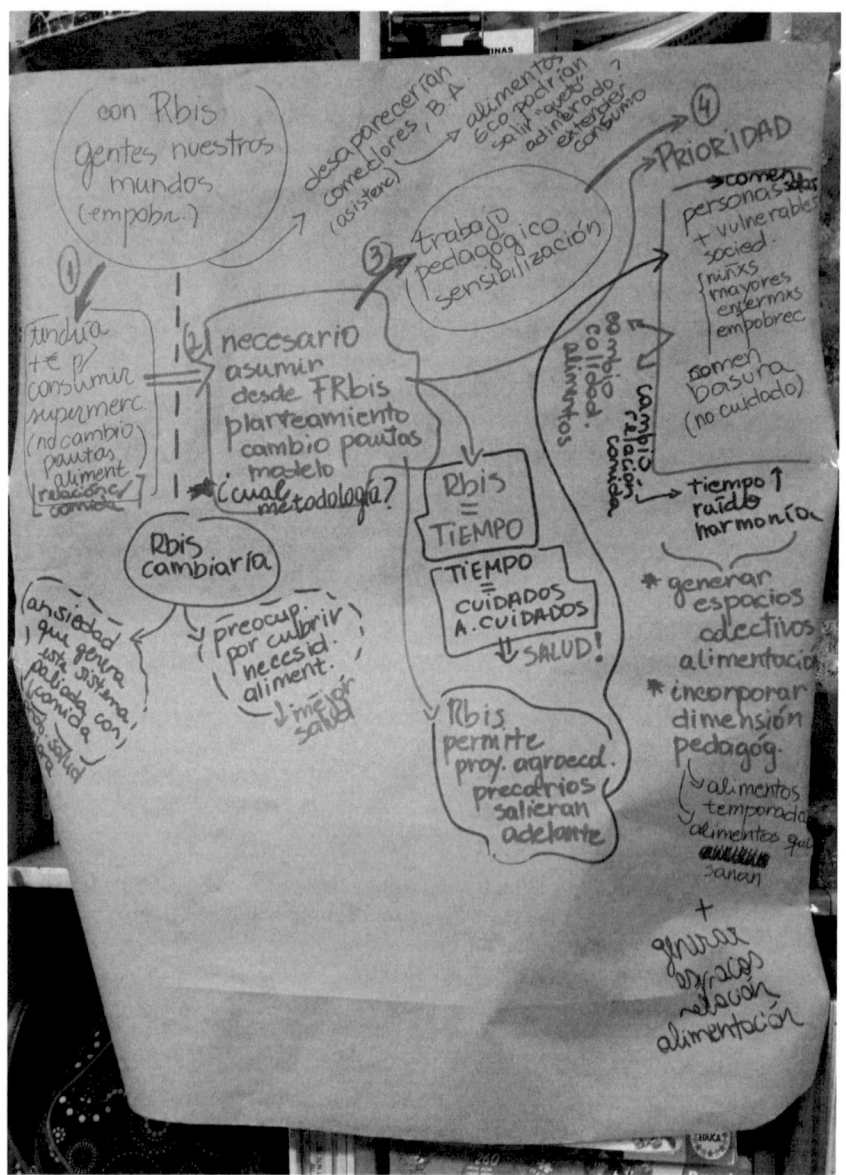

con Rbis
gentes nuestros
mundos
(empobr.)

desaparecerían
comedores, B.A.
(asistenc)

→ alimentos
eco podrían
salir "gueto"
adinerado ?
exterior
consumo

④ PRIORIDAD

→ comen solas
personas
+ vulnerables
socied.
nixs
mayores
enfermxs
empobrec.

comen
basura
(no cuidado)

③ trabajo
pedagógico
sensibilización

① fundría
+ê p/
consumir
supermerc.
(no cambio
pautas
aliment
relaciones
comida)

② necesario
asumir
desde FRbis
planteamiento
cambio pautas
modelo
¿cuál metodología?

Rbis
cambiaría

cambio
calidad.
alimentos

cambia
relación..
comida

tiempo ↑
raído
harmonía

* generar
espacios
colectivos
alimentación

* incorporar
dimensión
pedagóg.

Rbis
=
TIEMPO

TIEMPO
=
CUIDADOS
A.CUIDADOS
⇓ SALUD!

(ansiedad
que genera
este sistema
paliada con
comida
- salud

preocup.
por cubrir
necesid.
aliment.
- mejor
salud

alimentos
temporada
alimentos que
sanan

+
generar
espacios
relación
alimentación

Rbis
permite
proy. agroecd.
precarios
salieran
adelante

Lo que sí buscamos son construcciones colectivas, donde el campo y la ciudad se vean como un único colectivo trabajando hacia una alimentación justa. Hablamos de Soberanía Alimentaria, de alimentación como derecho básico y de alimentos sanos accesibles a toda la población. Basándonos en los principios de la Agricultura Sostenida por la Comunidad, nosotras hablamos de Alimentos Sostenidos por la Comunidad, entendiendo el apoyo como multidireccional y el alimento como un bien común. Tenemos un modelo para trabajar, la agroecología, como herramienta para mirar hacia distintas dimensiones, la más técnica que vele por unos alimentos libres de productos químicos, acompañada de una dimensión económica y social, que asegure precios dignos así como relaciones justas entre todas las personas y una dimensión política que nos permita ser conscientes de quién decide cómo nos alimentamos.

Necesitamos trabajar desde una perspectiva de proceso y transición entre modelos, para lo que necesitamos herramientas y alianzas varias. Por supuesto no olvidamos en este punto la RBis que nos plantea como herramienta el desafío de cuestionarnos cómo gestionaríamos nuestra alimentación en una realidad con la Renta Básica de las Iguales y con los principios que estamos planteando.

Qué queremos y qué no queremos

Hemos explicado ya el modelo del que queremos salir con los elementos que se muestran en la imagen y que son aspectos que sufrimos en el día a día, que a pesar de conllevar más desigualdad y poca salud se han normalizado e incluso se han reforzado en tiempos de crisis y pandemia.

El desafío está en construir nuestra propuesta y visibilizar los elementos necesarios para construirla y estos son los que salen de la reflexión conjunta:

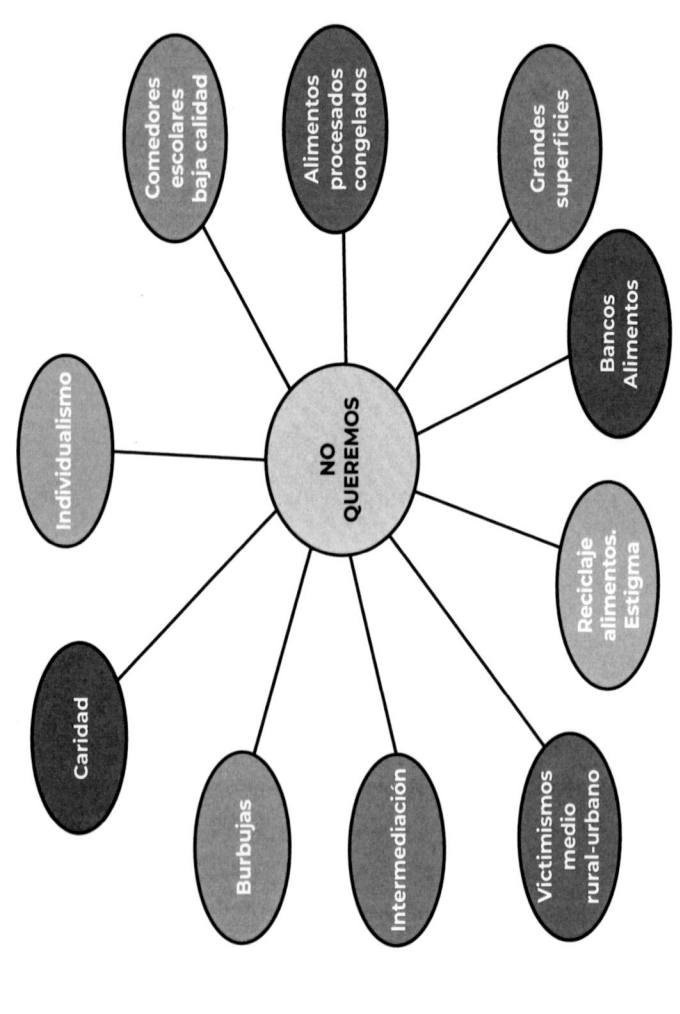

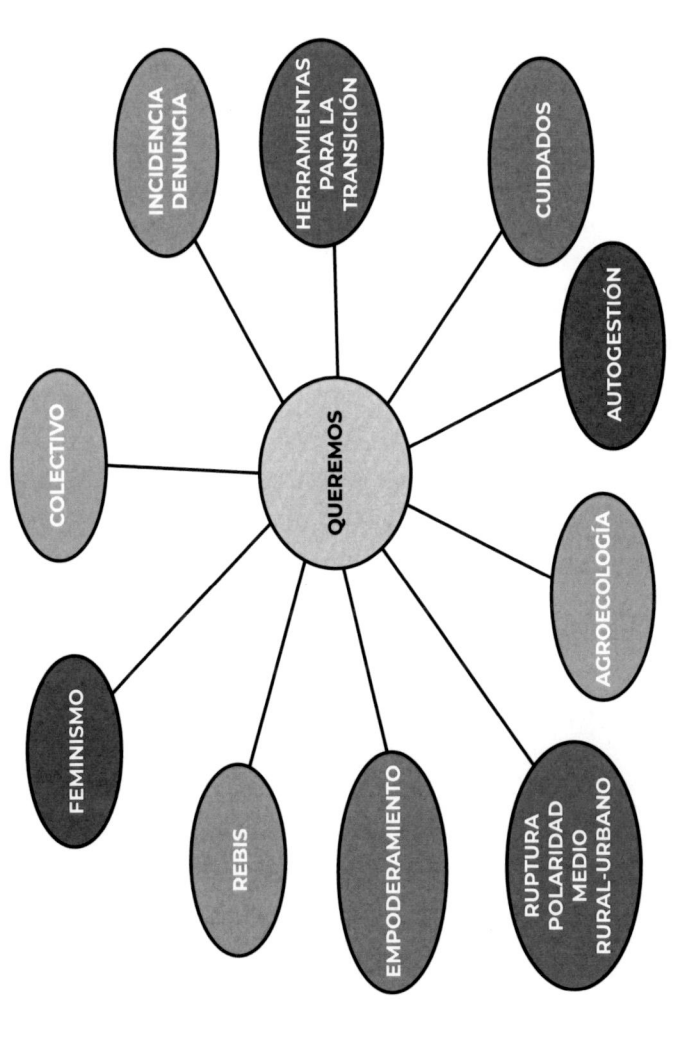

Feminismo: Hablamos de construir desde una perspectiva en el que todas tengamos los mismos derechos, desde un repensamiento en las relaciones y en los roles de nuestro día a día, incluidos los que tienen que ver con las tareas en lo alimentario. Hoy, las mujeres siguen siendo las responsables principales de estas tareas, a la vez que son las peor-comidas ya que si hay pocos recursos, son las últimas en servirse y si hay suficientes, son atravesadas por la esclavitud de mantener unos cuerpos imposibles. Como productoras de alimentos, agricultoras, labregas, baserritarras, llauradoras, jornaleras y mujeres que cultivan huertos de autoconsumo, son hoy las manos esenciales para alimentar al mundo pero a la vez siguen siendo las más invisibles. Para nosotras visibilizar estas tareas, dotarlas de derechos y valorarlas en su justa medida es clave para la verdadera transformación del sistema alimentario.

Colectivo: No entendemos esta construcción desde lo individual. Como ya hemos señalado nuestra perspectiva es comunitaria ya que otro modelo de alimentación pasa por repensar y (re)construir territorios materiales, tierra, agua y biodiversidad, pero también inmateriales, lazos sociales, culturas y saberes. Como seres interdependientes únicamente podremos sostenernos desde la comunidad y en equilibrio con el planeta que habitamos.

Denuncia: Construyendo propuestas pero sin dejar de lado hacer visible y denunciar lo que nos está agrediendo. El sistema capitalista se construye como un prisma compuesto de distintas caras de desigualdad que interseccionan en un sistema absolutamente injusto. La denuncia es clave para identificarlas y para que las injusticias y las violencias no se perpetúen. Hoy el sistema se pinta de verde, rosa y azul para disfrazarse de ecológico, amigo de las mujeres y con cierta dosis de responsabilidad social que en la práctica no es más que asistencialismo destinado al lucro y que en gran medida se beneficia de muchas personas bien intencionadas que prestan recursos y tiempo a espacios que únicamente sirven de parche para unas y de vías de enriquecimiento para sus promotoras.

Herramientas para la transición: Sabemos que no es posible transformar algo tan complejo ni en poco tiempo, ni solamente desde una dimensión. Por eso, pensamos en clave de proceso y de transición, entendiendo este camino como algo dinámico que debe generar herramientas adaptadas a los contextos locales y que deberán ir adaptándose en distintos momentos.

Cuidados: Subrayamos la importancia de los cuidados en todos estos procesos. Cuidados para las personas y para el ecosistema que nos rodea, bien repartidos entre quienes los proporcionan y también quienes los reciben. Por cuidados no entendemos únicamente los que se dan a personas mayores o a niñes, incluimos la visibilización de la salud mental y emocional de las personas, el incorporar como tarea en espacios colectivos la gestión emocional y de resolución de conflictos y entender que cuidar empieza por identificarnos como seres interdependientes, cuidadores y también con necesidad de ser cuidadas.

Autogestión: Construimos desde la autogestión, buscando autonomía social y una gestión comunitaria. Entendemos que únicamente desde el abajo, desde el conocimiento de las realidades en lo cercano, de las necesidades y los contextos es posible una buena construcción. Esto supone repensar el concepto de lo público y generar nuevos espacios de gobernanza que incorporen todos los principios de los que aquí hablamos.

Agroecología: La agroecología es nuestra herramienta de aproximación a lo alimentario. Una herramienta que mira el alimento desde la semilla hasta el plato, mirando la dimensión productiva, pero también la dimensión social, económica y política que atraviesan un alimento y un contexto. Desde la agroecología se diseñan las transiciones y se piensan procesos acompañando tanto a la producción de alimentos sanos como generando espacios comunitarios en los que compartir los elementos de la producción pero también los elementos que reproducen las vidas.

Ruptura polaridad medio rural-urbano: Desde una aproximación territorial y comunitaria, esta dicotomía debe ir desdibujándose según avancemos en la transición. La autogestión debe definirse en base a una diversidad atravesada por múltiples ejes en la que todos confluyen en un único colectivo, buscando los objetivos comunes y no las etiquetas ni los compartimentos para identificarnos.

Empoderamiento: Estos procesos se construyen por comunidades compuestas por personas que se sienten sujeto y no objeto. Cada una desde su capacidad sin ser imprescindible pero sí necesaria y cada una desde su realidad aportando y sintiéndose una más, protagonista coral, sin diferencias ni jerarquías de ningún tipo. A nivel colectivo, las periferias deben de dejar de ser objeto para ser agente de cambio, empezando por visibilizar todo su potencial y capacidad de transformación generando sus propias narrativas que hablen de igual a igual a las que hoy son opresoras y violentas hacia ellas.

La Renta Básica de las Iguales: Para nosotras la RBis es la herramienta para poder parar, salir de la rueda que nos consume y poder pensar qué queremos y desde dónde. Como ya hemos comentado anteriormente, vemos la RBis no solo como un objetivo sino como un bastón en el que apoyar toda esta nueva construcción social y comunitaria. En este sentido, identificamos tanto retos como cambios que podrían derivar de avanzar hacia una Renta Básica de las Iguales.

RETOS
¿Nos vamos todas al campo?
¿Quién va a querer trabajar en el campo?
La RBis por sí no trae buena alimentación hacen falta otros procesos
Formación sobre cómo producir para gestionar bien la tierra
Trabajo de sensibilización para que se priorice lo sano y local sobre la presión de las marcas
Necesidad de redistribución en el territorio. Visión comarcal. Tres ejes: Territorio-Tierra-Comunidad
¿Podría comer cualquier cosa?
La escala
Generar comunidad: afectos, relaciones
¿Cómo comenzar el proceso para ser agricultora? Recursos, tierra...

QUÉ PODRÍA SUPONER
Podríamos cambiar los comedores y podríamos comer bien con producto más local y ecológico.
Daría tiempo y podría romper los obstáculos de dinero en lo alimentario.
Más seguridad en los proyectos productivos.
Se podría desarrollar proyectos agroecológicos, diversificar la producción.
Desaparecerían los bancos de alimentos asistenciales.

En las reflexiones compartidas queda claro que la RBis es una herramienta que debe ir acompañada de un proceso político de transformación en todos los ámbitos, incluido el alimentario. Por sí, el alcanzar una renta básica no cambia los hábitos de consumo ni trae consigo una conciencia alimentaria y nutricional, máxime entre generaciones que han nacido con la comida rápida por lo que se requiere de mucho trabajo para que los ámbitos de consumo se dirijan hacia una opción saludable.

De igual forma, como ocurre en la construcción más amplia de la RBis, está el reto de la construcción de comunidad, si bien puede haber lugares donde esto sea menos difícil, que no sencillo, es por sí mismo un proceso a abordar como tarea y probablemente el reto más complicado, empezando por definir una comunidad en el contexto que vivimos.

Es interesante ver que en estos debates en grupo surgía la pregunta de si alguien querría trabajar en el campo contando con una RBis, un debate que se da con todos los sectores precarizados o asociados a actividades más duras. Si observamos la realidad, podemos decir que no hay productoras de alimentos que se dediquen a ello por el horario o por el dinero sino que lo hacen como forma de vida más allá de la cuestión del empleo y en el caso de los modelos agroecológicos, en los últimos años se ha dado una vuelta al campo de personas jóvenes (y no tan jóvenes) provenientes de medios urbanos que han conocido otras actividades y han elegido dedicarse a la producción.

Para que esto suceda, es necesario abordar un reto clave, la reordenación del territorio y la redistribución de la tierra y los recursos para poder comenzar una actividad productiva. A pesar del vaciado de los pueblos, es muy complicado para alguien que no cuenta con ello por herencia o cercanía familiar, acceder a tierra e incluso vivienda en el medio rural. Además del proceso en los hábitos de consumo, es importante generar procesos tanto a nivel institucional, como a nivel social para que los pueblos sean espacio de acogida y se entienda a quien viene como algo beneficioso para todas. Es a partir de todo esto que podremos replicar experiencias y subir en escala, entendiendo esto como una escala horizontal de enredos entre experiencias que se apoyen entre sí, no un crecimiento entendido desde parámetros capitalistas.

Muchas de estas acciones no son utópicas, se están construyendo ya, las iniciativas de Alimentos Sostenidos por la Comunidad son una realidad, en tiempos de Covid-19 se han multiplicado los grupos de apoyo y empiezan, desde perspectivas municipalistas y/o público-comunitarias, a pensarse cocinas comunitarias en algunos municipios.

COVID-19, EL EXAMEN SORPRESA

El Coronavirus ha llegado por sorpresa para indicarnos, por si alguien todavía no se había dado cuenta, que con el modelo capitalista, extractivista y depredador del ser humano va en una dirección incorrecta. Ha llegado en un momento en el que llevamos años hablando de alternativas, el colapso ya es un término familiar pero en lo que se refiere a construcción de alternativas ha sido un examen sorpresa que nos pilla con los deberes sin hacer. Ha venido a evidenciar las desigualdades y también a abrir oportunidades. Pero las oportunidades son para todas, para nosotras y también para el sistema.

Para el sistema porque se le abre la oportunidad de reforzar los pilares que lo sustentan. Vemos cuestiones como el mando único, la militarización de las vidas o la exaltación de la economía ya visible, la monetaria, la que sostiene grandes capitales y grandes intereses. Se abren oportunidades de cambiar leyes y normas (ya muy carentes de derechos) para aumentar beneficio y lucro de quienes a su vez son los principales causantes de esta situación. Mientras la mayoría se angustia para poder sobrevivir y no enfermar, otros aprovechan para aumentar su cuenta de ganancias.

Desde el inicio de esta pandemia se han evidenciado las situaciones que viven las personas cuyo trabajo diario sostiene y mantiene la reproducción de la vida. Y esta evidencia ha mostrado la absoluta precariedad en la mayoría de los casos por ser actividades poco valoradas, feminizadas e invisibles. Y a la vez, se ha evidenciado que las personas necesitamos comunidades, somos seres interdependientes que buscamos sentirnos acompañadas y que lo individual es un espejismo. Se han generado redes de apoyo mutuo impensables hace apenas unos meses que en muchos casos se han encontrado con la dificultad de no contar con una relación previa entre las personas, incluso viviendo en el mismo barrio.

En lo alimentario todo esto ha tenido también su traducción. Por una parte desde las instituciones se han cerrado los mercados de productoras y los huertos de autoconsumo, no se han considerado ni actividades esenciales ni espacios seguros conduciendo a la población hacia los supermercados y ha visibilizado a la gran distribución como la única opción para acceso a alimentos. Mientras el mensaje desde los Ministerios era que la cadena alimentaria funcionaba con normalidad, muchas de las pequeñas producciones, las más sanas y sostenibles, se encontraban sin ningún canal de comercialización para sus productos.

Pero a la vez que sucedía esto, ha habido respuestas y organización por parte de las personas tanto productoras como no productoras. Se ha visto como las asociaciones, los grupos de consumo y la Agricultura Sostenida por la Comunidad ha crecido en este tiempo, en parte por tener en muchos casos un servicio a domicilio pero también por entenderlos como canales seguros y también en una apuesta por sostener lo local en estos tiempos. Las injustas medidas institucionales han tenido respuesta. A nivel estatal se impulsó la campaña SOS Campesinado a la que se agregaron más de 700 iniciativas y a nivel territorial, en algunas comunidades, la presión popular consiguió cambiar esas medidas y lograr reabrir mercados y huertos. Se han puesto en marcha iniciativas solidarias de manera espontánea en forma de ollas comunitarias en los barrios o despensas solidarias y se ha evidenciado para muchas personas, con medidas como las que se han llevado a cabo en Madrid, que en cuestión de alimentación no vale todo.

Queremos compartir algunos casos que se han dado en esta pandemia y que nos parecen evidencian todas las desigualdades y retos de los que hemos hablado a lo largo de este texto.

El primer caso al que queremos mirar es a las trabajadoras migrantes de Huelva. Trabajadoras que vinieron para la recogida de la fresa y que vieron como en plena campaña se cerraban las fronteras y no podían volver a sus casas. Mientras terminamos de escribir este texto, algunas están pudiendo regresar y otras muchas están viendo como se prende fuego a los lugares donde han malvivido estos meses. Estas personas vienen a trabajar con un contrato por "Contingencias" y habitualmente suelen venir diferentes grupos de forma escalonada y de igual forma van marchando. En este caso, al cerrar las fronteras, no había posibilidad de que vinieran más trabajadoras y tampoco se ha permitido que las que ya estaban aquí pudieran volver. El motivo no ha sido garantizar su seguridad, sino garantizar la recogida de la cosecha de los grandes productores de fruta. Estas mujeres están en condiciones muy precarias, en lugares que no son accesibles para sindicatos o asociaciones que quieran hablar con ellas o velar por sus condiciones de trabajo o por sus condiciones de salud y habitabilidad, empezando por pensar qué comen quienes recogen estas cosechas, además de agroquímicos. En este caso, se ha materializado el significado de recurso humano en toda su literalidad. Pueden estar aquí mientras sean necesarias, sin ningún derecho más que el de respirar (y poco) para garantizar que la macroeconomía siga funcionando.

Otro caso que ha sido especialmente visible estos meses ha sido lo acontecido con las becas de comedor en la Comunidad de Madrid. A nivel estatal las respuestas que se han dado a las niñas y niños que reciben beca de comedor en el colegio han sido diversas, en algunas se ha mantenido entrega de menús únicamente a quienes contaban con más de un 75% de beca de comedor, si era menor al 75% no han recibido ningún tipo de ayuda, lo que sumado a la situación de precariedad que ya se ha visto aumentada, está generando problemas de malnutrición y falta de alimento en muchos hogares. Pero el caso de Madrid se puede decir que ha sido especialmente escandaloso al cerrar los comedores y contratar para el servicio a empresas como Telepizza o Rodilla, sirviendo todos los días pizzas, rebozados de pollo o sándwiches como alimento. Además, en un inicio se justificó diciendo que era por facilitar el reparto pero en este caso el reparto se ha hecho en establecimientos y las familias se han tenido que desplazar, a veces a largas distancias para recoger el menú diario.

Lo indignante de esto es que todo es legal, este caso es la síntesis de todo lo que sostiene el sistema alimentario. Bajo una mirada de seguridad alimentaria hace llegar productos comestibles, esos productos según sanidad son inocuos aunque se sabe que no son los más nutritivos y además son para gente con bajos recursos así que con llenarles los estómagos parece que ya se hace suficiente. Y se da la circunstancia de que las familias de las propias personas que elaboran o reparten los productos pueden ser receptoras de los mismos por la alta precariedad de sus empleos. Hasta ayer esto no era escandaloso y era parte de la normalidad, hoy escandaliza a mucha gente porque se ha visibilizado tanto la propia situación de malnutrición que está provocando como los intereses que juegan en este negocio redondo para algunos e insano para muchas.

Si miramos a los comedores sociales, muchos fueron cerrados por la obligatoriedad del confinamiento y por la situación de que las personas que dispensan comida en estos lugares, al hacerlo por la vía del voluntariado y no de la contratación, no han sido consideradas esenciales y se ha prohibido a las personas solidarias desarrollar esta actividad. En el caso de los comedores sociales públicos (subcontratados), como en el caso del comedor de Irun (Gipuzkoa), éstos fueron cerrados y se ofreció a las personas usuarias el acceso a "kits de comida", sólo para las usuarias, pero no para sus criaturas, por considerar que no son usuarias y que los menús no eran adecuados para ellas. Por lo que de 70 comidas diarias que dispensaba el comedor social se pasó a sólo 30. Muchas de estas personas tuvieron que optar por recoger comida del banco de alimentos que distribuía Cruz Roja después de mucha presión ejercida por los movimientos sociales sobre los Servicios Sociales ya que en su primera valoración no consideraban a estas personas colectivos vulnerables, al no ser personas mayores o enfermas. Mientras esto sucedía y muchas personas no podían acceder a alimentos, se cerraban mercados de productoras y el canal de hostelería, lo que provocaba que muchas producciones no encontraran canal de comercialización. En otras Comunidades como Baleares las administraciones pusieron en marcha mecanismos de compra pública para poder comprar estas producciones y hacerlas llegar a quienes las necesitan. Pero lejos de esto, en este caso, el Gobierno Vasco "incentivó" a las grandes distribuidoras con 6 millones de euros para que distribuyeran el producto local y a las productoras las "animó" a distribuir por estos canales en los que estaban a expensas del precio que quisieran pagarles. De nuevo el lucro se queda en las mismas manos y el hambre en los mismos estómagos.

Para finalizar la pregunta que cabe hacerse es cuánto de todo esto que estamos viendo viene para quedarse, cómo nutrir estas semillas de trabajo comunitario que han surgido en esta crisis y cómo responder frente a quienes nos hablan de "nuevas normalidades" que sólo pretenden apuntalar los viejos principios capitalistas. Todo ello con el desafío de las distancias físicas y un miedo cada vez mayor al habernos sentido en toda nuestra vulnerabilidad.

PUNTO Y SEGUIMOS

Terminamos de escribir este texto en época de rebrotes, algunos de ellos directamente relacionados con todo lo expuesto aquí. Vemos como muchos de los brotes se dan entre personas migrantes, temporeras o trabajadoras de salas de despiece y mataderos, que pese a ser las manos imprescindibles para que el sistema alimentario desigual siga avanzando, son a su vez despreciados por este y no se les proporcionan condiciones mínimas para vivir. Se ven en la calle en un momento en el que la consigna es "quédate en casa", sin protección cuando se establece la mascarilla obligatoria en todos los espacios y sin recursos quedando en situaciones en los que la nueva normalidad se traduce en nueva esclavitud.

A la vez que esto pasa, las colas para poder acceder a alimentos aumentan día a día y ya hay movilizaciones en ciudades como Madrid porque la mayoría del acceso es a través de canales que dependen de voluntariado y en pleno verano muchas voluntarias están fuera y en período vacacional. La pobreza alimentaria, aunque ya estaba ahí, se ha hecho mucho más visible. Por ello, creemos que es necesario estar atentas a las posibles falsas soluciones que se van a ofrecer en este contexto. En este texto hemos pretendido dar una imagen amplia del llamado sistema alimentario. Una mirada amplia, entendiendo que las desigualdades son parte de este sistema capitalista y la parte alimentaria es una más dentro de este sistema desigual. El sistema alimentario está concebido para los intereses de unas pocas por encima del derecho a la alimentación y nutrición de todas. Está consiguiendo que el acceso a alimentos y no a meros productos comestibles sea un lujo, y sobre todo, está consiguiendo que la población ni siquiera se lo cuestione. Los neones de la gran distribución y de las marcas de comida ultraprocesada actúan de faro atrayente y también de elemento que ciega. La urgencia de muchas de llenar los estómagos actúan de elemento catalizador y las políticas públicas hacen el encaje perfecto acercando las unas a las otras.

Qué comen las que malcomen no es una cuestión de elección, es una cuestión de derechos, el derecho a la alimentación sana y nutrición adecuada. Que esto sea accesible para todas, depende por un lado de la administración y por otro de ser capaces de visibilizar y construir espacios comunitarios de cuidado y sostén. La propuesta pasa por poner la vida en el centro, por los cuidados, por denunciar a donde se va el dinero público mientras construimos desde el abajo, desde el común y desde el sabernos interdependientes. Necesitamos romper polaridades, vincular el territorio desde los lazos, no desde los límites administrativos, que las personas del campo que producen alimento se encuentren con las de la ciudad para juntas construir espacios donde alimentarse deje de ser un lujo y donde las personas que cultivan la tierra dejen de estar también excluidas.

Desde Baladre nuestro marco de trabajo es la Renta Básica de las Iguales, que entendemos como herramienta de construcción que nos permite debatir y construir desde una perspectiva comunitaria, si bien no la entendemos como la solución a nada de forma aislada, sí como un elemento que puede impulsar la transformación hacia la justicia social. Mientras tanto, mucho se está construyendo ya, espacios comunitarios de producción de alimentos, grupos de alimentos sostenidos por la comunidad, despensas solidarias y cocinas comunitarias, todo suma para acceder al alimento en la forma que buscamos.

Ponemos aquí el punto. Y seguimos.

BIBLIOGAFÍA Y REFERENCIAS DE INTERÉS

BIBLIOGRAFÍA:

M. Fidalgo, Rosa Zafra, Alicia Alonso (2019). *"Renta Basica de las Iguales y Feminismos. De la centralidad del empleo a la centralidad de la vida"*. 2ªed. revisada. Zambra-Baladre.

ASAC (Aliança per la Sobirania Alimentària a Catalunya) 2015. *"Ja volem el pa sencer"*: https://asapcatalunya.wordpress.com/2015/09/03/ja-volem-el-pa-sencer/

FAO. 2020. *"El estado de la Seguridad Alimentaria y la nutrición en el mundo"*. http://www.fao.org/3/ca9692en/CA9692EN.pdf

ETC Group, 2017. *"Quién nos alimentará"*, http://www.etcgroup.org/es/quien_alimentara

Daniel López, Isabel Álvarez. *"Hacia un sistema alimentario sostenible en el Estado Español"*. FUHEM. 2018: https://forotransiciones.org/wp-content/uploads/sites/51/2019/01/LOPEZyALVAREZ2-1.pdf

Isabel Álvarez y Mirene Begiristain, 2019. *"Feminismo para los sistemas alimentarios y la agroecología"*. RIESISE, Universidad de Huelva, pag 125-146. https://dialnet.unirioja.es/servlet/articulo?codigo=7184084

Isa Álvarez Vispo, 2018. *"La salud y la alimentación desde la mirada feminista"*, en Molero Cortés, J.; López García, D; Arroyo, L. (Eds.) Salud y Derecho a la Alimentación. Bienestar, equidad y sostenibilidad a través de políticas alimentarias locales. Valladolid, España: Fundación Entretantos y Red de Ciudades por la Agroecología. https://www.ciudadesagroecologicas.eu/wp-content/uploads/2018/12/InformeSalud_Definitivo_Web.pdf

Enlaces de interés:

La Renta Básica de las Iguales frente al heterpatriarcado Capitalista: https://coordinacionbaladre.org/noticia/la-renta-basica-de-las-iguales-frente-al-heteropatriarcado-capitalista

Observatorio por el derecho a la alimentación y nutrición: https://www.righttofoodandnutrition.org/es/observatorio-main

Página sobre Agricultura Sostenida por la Comunidad: https://www.coordinacionbaladre.org/asc

Vídeo sobre inter-horti-culturalidad en Abetxuko: https://m.youtube.com/watch?v=0QTxq0-l7O4&feature=youtu.be

Informe Foessa 2019 https://caritas-web.s3.amazonaws.com/main-files/uploads/sites/16/2019/06/Informe-FOESSA-2019_web-completo.pdf

https://vagosymaleantes.com/2015/03/11/comida-para-ayudar-a-los-pobres/

https://albertsales.wordpress.com/2014/09/19 dar-comida-a-quien-necesita-dinero/

Página sobre Agricultura Sostenida por la Comunidad
https://www.coordinacionbaladre.org/asc